Origens africanas
do Brasil contemporâneo

Histórias, línguas, culturas e civilizações

Kabengele Munanga

Origens africanas
do Brasil contemporâneo

Histórias, línguas,
culturas e civilizações

global
editora

© Kabengele Munanga, 2007

1ª Edição, Global Editora, São Paulo 2009
4ª Reimpressão, 2023

Jefferson L. Alves – diretor editorial
Flávio Samuel – gerente de produção
João Reynaldo de Paiva – assistente editorial
Anabel Ly Maduar e Tatiana Y. Tanaka – revisão
Luciano Tasso Filho – ilustrações
Sonia Vaz (mapas elaborados em 21 de julho de 2008) – cartografia
Frans Lemmens/Zefa/Corbis/LatinStock, DLILLC (CA)/Corbis/LatinStock, Gavin Hellier/JAI (CA)/ Corbis/LatinStock, Kerstin Geier/Gallo Images/Corbis/LatinStock, Gallo Images/Corbis/LatinStock, Robert van Der Hilst/Corbis/LatinStock e Martin Harvey/Corbis/LatinStock – fotos de capa
Reverson R. Diniz – projeto gráfico e capa

Dados Internacionais de Catalogação na Publicação (CIP)
(Câmara Brasileira do Livro, SP, Brasil)

Munanga, Kabengele
  Origens africanas do Brasil contemporâneo : histórias, línguas, culturas e civilizações / Kabengele Munanga – São Paulo: Global, 2009.

  Bibliografia.
  ISBN 978-85-260-1266-0

  1. África – História 2. Africanos – Brasil 3. Brasil – Civilização – Influências africanas 4. Civilização antiga 5. Escravidão 6. Geopolítica – África 7. Negros 8. Racismo I. Título.

08-00729   CDD-960

Índices para catálogo sistemático:

1. África : História   960

Obra atualizada conforme o
NOVO ACORDO ORTOGRÁFICO DA LÍNGUA PORTUGUESA

Global Editora e Distribuidora Ltda.
Rua Pirapitingui, 111 — Liberdade
CEP 01508-020 — São Paulo — SP
Tel.: (11) 3277-7999
e-mail: global@globaleditora.com.br

g globaleditora.com.br   @globaleditora
f /globaleditora   @globaleditora
▶ /globaleditora   in /globaleditora
💬 blog.grupoeditorialglobal.com.br

 Direitos reservados.
Colabore com a produção científica e cultural.
Proibida a reprodução total ou parcial desta
obra sem a autorização do editor.

Nº de Catálogo: **2928**

Origens africanas
do Brasil contemporâneo

Histórias, línguas, culturas e civilizações

Sumário

Prefácio 9

Introdução 11

Capítulo 1: Divisões geopolíticas do continente africano e suas ilhas 13

    Países da África continental e suas respectivas capitais 14

    Países da África insular e suas respectivas capitais 16

Capítulo 2: Sociedades, civilizações e culturas africanas 20

    Diversidade e unidade africanas 20

        Diversidade biológica ou antropológica 21

        Diversidade linguística 27

        Diversidade cultural e unidade africana 29

    Tradição e modernidade na África 37

Capítulo 3: Aspectos históricos 41

    África: berço da humanidade 41

    Antigas civilizações da África 45

        Civilização egípcia 45

        Império de Kush e civilização cuxita 50

        Civilização axumita 53

        Etiópia cristã 54

    África medieval e seus Estados políticos 55

        Império de Gana 57

        Império de Mali 58

        Império de Songai 60

        Império de Kanem-Bornu 62

As cidades ioruba: Ifé e Benim 64

Cidade de Ifé 64

Cidade de Benim 65

Reino de Abomé 67

Reino Achanti 69

Alguns Estados da África central e austral 71

Reino do Congo 71

Estado Zulu 75

Império de Monomotapa 78

Capítulo 4: Tráfico humano e escravidão na África 80

Tráfico oriental na África: séculos VI-XVI 82

Tráfico ocidental na África: séculos XVI-XIX 87

Problema da escravidão na África tradicional 88

Capítulo 5: Os africanos que povoaram o Brasil e suas contribuições 92

Glossário 96

Referências bibliográficas 106

Prefácio

A Lei nº 10.639/03 coloca aos educadores brasileiros uma questão prática ainda não totalmente equacionada. Trata-se de saber que África e que Brasil negro transmitir aos alunos dos Ensinos Básico e Médio. A África é tão complexa e diversa que fica difícil definir por onde começar, sobretudo quando se trata de uma disciplina de iniciação do jovem num terreno repleto de preconceitos acumulados durante o período escravista e colonial que pavimentou a historiografia oficial e persiste até hoje no imaginário.

Pensamos que seria importante, no primeiro momento, ensinar aos alunos brasileiros alguns aspectos da geografia política africana em geral, que a maioria dos brasileiros, até adultos, ignora bastante. Por isso, partimos neste livro de uma situação geográfica do continente com sua divisão geopolítica em 56 países e suas respectivas capitais, apontando sua diversidade em termos biológicos, linguísticos e culturais.

No segundo momento, ensinamos que a África é o berço da humanidade, isto é, o continente onde surgiram os primeiros ancestrais das mulheres e dos homens que habitam nosso planeta. É importante que nossos alunos saibam que somos todos afrodescendentes, apesar de essa origem comum ser muito longínqua, pois faz cerca de 100 mil anos que nossos ancestrais *Homo sapiens* saíram da África para povoar outros continentes. Consequentemente, deve-se, a partir do berço africano da humanidade, apontar as civilizações mais antigas que surgiram desse berço, como a egípcia, a cuxita, a axumita e a etíope cristã, e mostrar que essas civilizações eram obras do ser negro, com o objetivo de corrigir as injustiças históricas que rechaçaram-no do circuito da história internacional da humanidade.

No terceiro momento, enfocamos as civilizações africanas da Idade Média ilustradas pela formação dos impérios, reinos e Estados da África ocidental, oriental e central de onde foram trazidos os ancestrais negros dos brasileiros contemporâneos.

No quarto momento, retomamos a história do negro no Brasil, enfocando principalmente suas contribuições no território brasileiro em termos culturais, demográficos e econômicos.

Outros aspectos não abordados neste livro, como a ocupação colonial e as independências africanas, os problemas estruturais e outros atuais, que bloqueiam os processos de construção das identidades e de desenvolvimentos nacionais na África, fazem parte de um livro já publicado em quatro edições (ver Serrano e Munanga, 1995).

Também não entram neste livro as formas e estratégias de resistências desenvolvidas pelos negros durante a escravidão, assim como os problemas e as dificuldades que impedem sua inclusão e o pleno exercício de sua cidadania no Brasil de hoje, e consequentemente, os caminhos em debate na sociedade para superar os preconceitos e as formas de discriminação vigentes. Esses assuntos já foram tratados no livro *Para entender o negro no Brasil de hoje: história, realidades, problemas e caminhos* (Munanga e Gomes, 2004).

Creio que o bloco formado por estes livros oferece um conteúdo adequado ao espírito da Lei nº 10.639/03. Sem dúvida, deve-se produzir mais livros com outros recortes, incluindo também as peculiaridades locais e regionais.

O autor

Introdução

A visão da África subsaariana na historiografia colonial deixou imagens estereotipadas que resistem até hoje no imaginário coletivo das populações contemporâneas, imagens estas popularizadas nos clichês dos filmes de Tarzan.

Até hoje, na maioria das imagens atuais sobre a África, raramente são mostrados os vestígios de um palácio real, de um império, as imagens dos reis e ainda menos as de uma cidade moderna africana construída pelo próprio ex-colonizador. As imagens geralmente exibidas mostram uma África dividida e reduzida, enfocando sempre os aspectos negativos, como atraso, selva, fome, calamidades naturais, doenças endêmicas, aids, guerras, miséria e pobreza.

No entanto, não faltam imagens que mostrem uma África autêntica em sua múltipla realidade, imagens que possam até criar um sentimento de solidariedade com os países africanos. Essas imagens de uma África autêntica pululam nos testemunhos dos viajantes árabes que se aventuraram nos países da África ocidental entre os séculos IX e XI e dos navegadores portugueses que, no alvorecer da era das navegações no século XV, começaram a se aventurar mais ao sul do continente de forma sistemática.

Todos, árabes e europeus, descreveram em seus relatos a verdadeira África que viram em testemunhos oculares. Muitos falaram com admiração das formas políticas africanas altamente elaboradas e socialmente aperfeiçoadas, entre as quais se alternavam reinos, impérios, cidades-estados e outras formas políticas baseadas no parentesco, como chefia, clãs e linhagens.

Até a véspera da era colonial moderna, era comum encontrar, com facilidade, as imagens positivas sobre a África. A natureza e as paisagens eram descritas com simpatia e lirismo; as mulheres eram consideradas bonitas e respondiam aos cânones da beleza da época, com boca em cereja e curva excitante.

Taiwa foi a primeira grande cidade que eu vi num país propriamente negro. Ela me deixou com uma boa impressão, pois em toda parte pareciam signos evidentes da vida confortável e agradável em que viviam os nativos: a corte era cercada de grandes caniços que a protegiam dos olhares dos passantes [...], perto da entrada, havia uma grande árvore sombreada e refrescante embaixo da qual recebiam-se os visitantes e tratava-se dos negócios correntes; toda a residência era protegida pela folhagem das árvores e animada por tropa de crianças, cabritos, galinhas, pombos, um cavalo [...]. O caráter dos próprios habitantes estava em completa harmonia com suas residências, tendo como traço essencial uma felicidade natural, uma preocupação para gozar da vida, amar as mulheres, a dança e os cantos, mas sem excesso [...]. Beber álcool não passava por pecado num país onde o paganismo permanece a religião da maioria. Mesmo assim, era raro encontrar pessoas bêbadas: os não muçulmanos contentavam-se em beber um pouco de *giya*, espécie de cerveja de sorgo, para manter o coração feliz e gozar da vida (Oliver e Atmore, 1970, p. 36-37).

Outra testemunha ocular, o viajante e pesquisador alemão Leo Frobenius, fala de outras cidades que visitou em 1906, na África central:

Quando penetrei na região do Kassai e do Sankuru, encontrei ainda aldeias cujas ruas principais tinham quilômetros bordados com fileiras de palmeiras e cujas residências eram decoradas de maneira fascinante como se fossem obras de arte. Não vi homens que não carregavam no cinto suntuosas armas de ferros e cobre [...]. Havia por toda parte tecidos de veludo e seda. Cada taça, cada cachimbo, cada colher eram uma obra de arte, e totalmente dignos de comparação com as criações europeias (Oliver e Atmore, 1970, p. 19).

Após a Conferência de Berlim (1885), que definiu a partilha colonial da África, as imagens simpáticas e tranquilizadoras começaram a sombrear. A infância inocente foi substituída pela imagem de sub-humanos para facilitar a operação de sujeição. Desapareceram as belezas naturais dos territórios e das mulheres que foram substituídas pelos miasmas e outros horrores da selva, barbárie, mesquinharia e atraso para justificar a Missão Civilizadora. Os povos tornaram-se sem cultura, sem história, sem identidade e mergulhados na bestialidade. Reinos e impérios foram substituídos pelas hordas e tribos primitivas em estado de guerras permanentes, umas contra as outras, a fim de justificar e legitimar a missão pacificadora da colonização das sociedades, adiante qualificadas como ignorantes e anárquicas.

A exploração e a dominação brutal às quais foram submetidos os africanos exigiam que fossem considerados rudes. Com a finalidade de justificar e legitimar a violência, a humilhação, os trabalhos forçados e a negação da humanidade dos africanos, era preciso bestializá-los.

CAPÍTULO 1

Divisões geopolíticas do continente africano e suas ilhas

A África é um imenso continente de 30 milhões de quilômetros quadrados de superfície que abriga diversas civilizações, milhares de etnias e culturas distintas. Possui uma população de cerca de 600 milhões de habitantes distribuídos entre centenas de povos que falam diversas línguas ao mesmo tempo diferentes e semelhantes. Geograficamente, o Deserto do Saara no Norte criou uma divisão natural do continente em duas partes desiguais em extensão territorial: a África do Norte e a África subsaariana.

A África do Norte, chamada, segundo os interesses, ora de África branca, ora de África árabe, abriga os países do Magreb (Marrocos, Argélia, Tunísia), Líbia e Egito.

A África subsaariana, geralmente conhecida como África negra pelo fato de a maioria de sua população ser negroide, compreende todos os povos e países da África ocidental, oriental, central e austral. Considerar negra toda a África subsaariana pode se constituir numa espécie de discriminação ou exclusão de uma minoria demográfica dessa população africana de ancestralidade ocidental, os eurodescendentes que se encontram em sua maioria na República da África do Sul, Zimbábue, Namíbia, Angola, Moçambique, Cabo Verde, Guiné-Bissau, São Tomé e Príncipe.

A colonização do continente pelas potências ocidentais originou um mapa geopolítico totalmente diferente do mapa da África anterior ao século XVI e uma configuração política da África e suas ilhas em 56 países que podemos considerar, historicamente, invenções coloniais.

Países da África continental e suas respectivas capitais

Região Norte ou África do Norte

Nomes dos países	Nomes das capitais
Argélia	Argel
Egito	Cairo
Líbia	Trípoli
Marrocos	Rabat
Tunísia	Túnis

Região Oeste ou África ocidental

Nomes dos países	Nomes das capitais
Benim	Cotonou
Burkina Fasso	Uagadugu
Camarões	Iaundé
Costa do Marfim	Yamoussoukro
Gâmbia	Banjul
Gana	Acra
Guiné	Conacri
Guiné-Bissau	Bissau
Guiné equatorial	Malabo
Libéria	Monróvia
Mali	Bamako
Mauritânia	Nouakchott
Níger	Niamey
Nigéria	Abuja
Saara ocidental	El Ajum
Senegal	Dacar
Serra Leoa	Freetown
Togo	Lomé

Divisões geopolíticas do continente africano e suas ilhas

Região Leste ou África oriental

Nomes dos países	Nomes das capitais
Djibuti	Djibuti
Eritreia	Asmara
Etiópia	Adis-Abeba
Malauí	Lilongwe
Quênia	Nairóbi
Somália	Mogadício
Sudão	Cartum
Tanzânia	Dodoma
Uganda	Campala

Região Central ou África central

Nomes dos países	Nomes das capitais
Angola	Luanda
Burundi	Bujumbura
Chade	Ndjamena
Gabão	Libreville
República Centro-africana	Bangui
República Democrática do Congo	Kinshara
República do Congo	Brazzaville
Ruanda	Kigali

Região Sul ou África setentrional

Nomes dos países	Nomes das capitais
África do Sul	Pretória
Botsuana	Gaborone
Lesoto	Maseru
Moçambique	Maputo
Namíbia	Windhoek
Suazilândia	Mbabane
Zâmbia	Lusaka
Zimbábue	Harare

Países da África insular e suas respectivas capitais

Nomes dos países	Nomes das capitais
Cabo Verde	Praia
Ilhas Canárias	Las Palmas
Ilhas Comores	Moroni
Ilha Reunião	Saint Denis
Ilhas Seychelles	Victoria
São Tomé e Príncipe	São Tomé
Madagáscar	Antananarivo
Maurício	Port Louis
Mayotte	Dzaydzi

Observação: Há ilhas africanas cujo estatuto político depende ainda de alguns países ocidentais, apesar de essas ilhas pertencerem geograficamente ao continente africano. É o caso das Ilhas Canárias, uma unidade federal insular da Espanha; da Ilha Reunião, um departamento ultramarino da França; da Ilha Maurício, um Estado da Comunidade Britânica, e da Ilha Mayote, uma dependência insular francesa, porém reivindicada pelas Ilhas Comores.

Divisões geopolíticas do continente africano e suas ilhas

África antes da colonização (do século XVI ao século XVII)

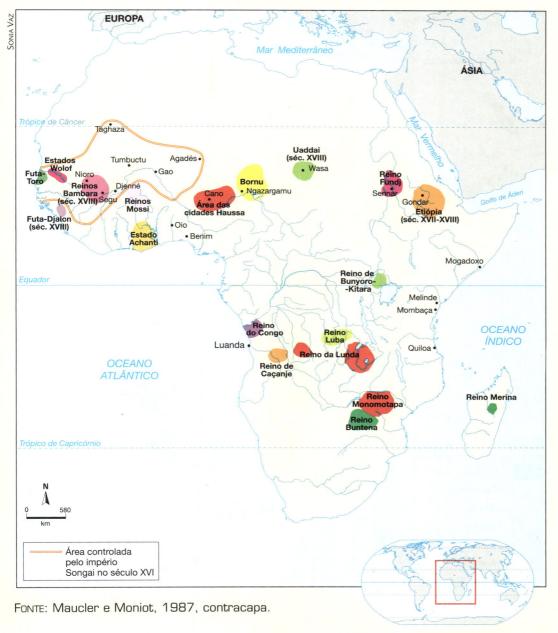

FONTE: Maucler e Moniot, 1987, contracapa.

Origens africanas do Brasil contemporâneo

África colonial (1890)

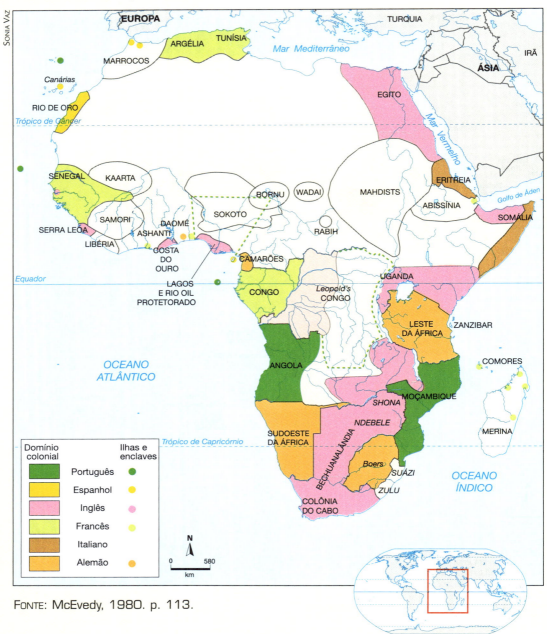

FONTE: McEvedy, 1980. p. 113.

Divisões geopolíticas do continente africano e suas ilhas

África independente

FONTE: Middleton (ed.), 1997, v. II, contracapa.

CAPÍTULO 2

Sociedades, civilizações e culturas africanas

Diversidade e unidade africanas

Em termos gerais, tem-se da África uma imagem muito simples e reducionista, ilustrada por expressões como "na África é tudo a mesma coisa; na África é tudo diferente". Esqueceu-se de que se trata de um continente com 56 países; uma superfície de 30 milhões de quilômetros quadrados e uma população de cerca de 600 milhões de habitantes.

A palavra "África" é um topônimo que vem da Antiguidade greco-romana. Os antigos gregos chamavam de África o território geográfico correspondente à atual Líbia. Para os romanos, a África era o território da atual Tunísia. Vencidos os fenícios, os romanos destruíram Cartago e criaram ao redor dessa província uma nova que eles chamaram província dos Afri, nome dado aos indígenas da região. Estamos em 146 a.C. Na noite dos tempos, esse topônimo passou a designar todo o continente.

Portanto, os estudiosos deram, até nossos dias, versões diferentes sobre o significado da palavra "África". Alguns diziam que "África" era uma palavra árabe que designava povos daquela região; outros, que era o nome de um rei do Iêmen, o qual, após perder a guerra contra os assírios, atravessou o Mediterrâneo e se instalou na região de Cartago. A região tomou o nome dele e depois o continente. Embora a averiguação seja difícil, a palavra "África" parece, para muitos autores, girar em torno da ideia de calor, fogo, ausência de frio.

Não apenas o significado da palavra "África" tornou-se objeto de especulação científica, mas também o próprio povoamento do continente. Controvérsias sustentadas por motivos ora científicos, ora ideológicos, continuaram a confundir as mentes. Com efeito, durante muito tempo, os historiadores ocidentais defenderam a tese asiática da origem dos povos africanos. Fundamentada na descoberta do

Homem de Java, na China, em 1891, outrora considerada o berço da humanidade, essa tese também foi fortemente influenciada pelos filósofos da época, em especial por Hegel. Este dividia o mundo em povos históricos e não históricos. Os primeiros seriam os responsáveis pelo progresso humano, enquanto a passividade dos outros os teria mantido à margem do desenvolvimento espiritual da humanidade. A luz do espírito difundiu-se a partir da Ásia, onde teria começado a história. Hegel, como a maioria dos cientistas ocidentais, considerava indiscutível a ideia de que a Ásia, berço da humanidade, foi também berço dos povos que invadiram a Europa e a África.

A descoberta do *Australopithecus* pelo dr. Leakey no leste da Tanzânia, em 1924, gerou as primeiras dúvidas quanto à origem asiática do primeiro homem e do homem africano. A partir do momento em que as novas descobertas científicas colocavam o berço da humanidade no continente africano, as teorias que explicam o povoamento africano a partir da Ásia deviam ser totalmente abandonadas. É a partir disso que se coloca a origem da humanidade na África, sustentada pela teoria monogenista da humanidade, e não mais na Ásia; ou seja, os primeiros elementos da cultura africana foram elaborados dentro do continente africano e não trazidos de fora. As teorias anteriores que tentavam explicar qualquer fenômeno de civilização na África a partir do exterior começaram a ser abandonadas.

A unidade geográfica do continente africano abriga diversidades biológica, linguística e étnica ou cultural. Como raras exceções, os atuais Estados africanos são multiétnicos, ou seja, são compostos por certo número, por vezes centenas, de sociedades que falam línguas diferentes e possuem escala de valores, crenças religiosas e instituições políticas e familiares distintas.

DIVERSIDADE BIOLÓGICA OU ANTROPOLÓGICA

No plano biológico, dois grupos se destacam nos dois lados do Deserto do Saara. No norte, há o grupo árabe-berbere, composto pelos descendentes de líbios, semitas, fenícios, assírios e greco-romanos. Costuma-se chamar essa região de África branca ou África árabe, segundo os interesses. No sul do Deserto do Saara, há a África dita negra, sem perder evidentemente as mestiçagens milenares que se fizeram na linha fronteiriça entre os dois grupos diferentes. No seio dessa África subsaariana considerada negra, encontra-se certa variedade de tons de pele, estaturas e outros traços morfológicos que diferenciam seus habitantes em termos biológicos ou antropológicos.

Grosso modo, o grupo negroide é dividido em função dessas diferenças antropológicas em cinco subgrupos distintos:

1) Os melano-africanos, numericamente mais importantes, deram à África subsaariana seu apelido de África negra. São fisicamente diferentes entre si, o que permite aos antropólogos distingui-los entre sudaneses, nilóticos, guineenses, congolenses e sul-africanos.

2) Os San são conhecidos na literatura pelo nome de bosquímanos, pejorativo do holandês *bogesman*, que significa homem do bosque. Ao chegarem à região no século XVII, os imigrantes holandeses (os bôeres) os chamaram pejorativamente de bosquímanos. Eles ocupavam antigamente toda a região sul da Zâmbia. Atualmente, vivem em pequeno número no Deserto de Kalahari, exclusivamente da caça e da coleta de vegetais espontâneos. Antropologicamente, os San aproximam-se dos pigmeus pela estatura (média de 1,52 metro) e pela cor, um amarelo pálido. Os cabelos são distribuídos por pequenos tufos separados em espaços glabros, chamados de "grãos de pimenta". A esteatopigia é uma das características físicas desse grupo, uma formação morfológica resultante da acumulação excessiva de gordura subcutânea nas nádegas, fato constatado sobretudo em grávidas.

3) Os Khoi-Khoi são encontrados na literatura antropológica sob o nome de Hotentotes, do pejorativo holandês *hutentut*, que quer dizer bruto. Da mesma maneira que os San, os holandeses, ao chegarem à região no século XVII, chamaram-nos pejorativamente de hotentotes. Os Khoi-Khoi ocuparam, em tempos antigos, toda a região ocidental da África meridional. Hoje vivem principalmente na parte do sudoeste africano, ao norte do rio Orange, entregues ao pastoreio nômades. Biologicamente, parecem ser os San mestiçados com os melanos (estatura média entre 1,58 e 1,63 metro). Na literatura antropológica, os San e os Khoi-Khoi foram reunidos numa raiz racial *khoisano*. Trata-se, sem dúvida, de uma extrapolação da classificação linguística, que reúne as línguas dos San e dos Khoi-Khoi numa mesma família linguística, cujo traço comum é a presença da consoante "clique", que apresenta um valor fonético.

4) Os pigmeus encontram-se na República dos Camarões, no Gabão, na República Centro-africana, na República Democrática do Congo (ex-Zaire), em Ruanda, em Burundi e em Uganda. Possuem verdadeiros nomes étnicos, entre outros, os grupos Bata e Mbuti. O termo "pigmeu" provém do pejorativo grego *pigmao*, que significa côvado, isto é, a distância que vai do cotovelo à raiz dos dedos, medindo mais ou menos 46 centímetros. Esse nome foi dado pelos autores gregos aos povos africanos dessa estatura. Os pigmeus devem sua pequena estatura, entre outros fatores, à grande umidade

e à ausência de luminosidade da floresta. As teorias anteriores acreditavam em certo parentesco biológico entre os pigmeus da África, chamados de "negrilhos", e os pigmeus da Ásia meridional, chamados de "negritas". Esse ponto de vista não tem fundamento hoje. Tudo leva a crer que se trata do resultado de uma longa adaptação de certo tipo físico ao meio ambiente, processo este que se desenrolou ao longo de um período de isolamento. Antropologicamente os pigmeus têm, em média, uma estatura entre 1,30 a 1,50 metro, pele de um amarelo pálido, muito claro por vezes, possuem cabelos encarapinhados muito escuros, barba muito desenvolvida, pilosidade abundante, olhos grandes e pernas curtas, fazendo com que os braços pareçam exageradamente compridos.

5) Os etíopes formam outra variedade do grande grupo negroide. Ocupam a região mais oriental da África, o Chifre abissínio. Moderadamente dolicocéfalos, têm estatura média de 1,66 metro, com a pele variando entre o marrom-vermelho e o marrom-preto, e lábios, nariz, cabelos e outros traços são intermediários entre os dos negros e os dos brancos. Pensou-se que eram mestiços de negros e árabes-berberes. No entanto, os próprios cientistas não confirmam essa hipótese e tendem a acreditar que se trata de um estoque local original.

Tipos físicos africanos

Mulher pertencente ao grupo berbere, da África do Norte.

Nigeriana.

Mulher de Massai (Quênia e Sudão).

Crianças da Etiópia.

Moça de Zimbábue.

Mulher do Senegal.

Homem pertencente ao grupo San, conhecido na literatura pelo nome pejorativo de bosquímano.

Jovem do grupo Himba da Namíbia.

Marroquino.

Homem do sudoeste de Angola.

Representantes do grupo Mbuti, da República Democrática do Congo.

Jovens sul-africanos.

Diversidade linguística

Além da diversidade biológica, o continente africano oferece no plano linguístico uma outra importante. As línguas faladas nessa região são tão numerosas quanto seus falantes. Contam-se entre 800 e 2 mil, segundo os especialistas. Mas os linguistas as classificam, com base em estudos comparativos, em apenas quatro grandes famílias linguísticas:

1) A família afro-asiática compreende as línguas vulgarmente chamadas de semitas (como o árabe, o amárico etc.), o antigo egípcio, as línguas berberes do nordeste da África, a língua falada na zona do Chade pelo grupo Sara e no norte da Nigéria pelos Haussas e as línguas cuxitas, faladas desde a Somália até o leste do Quênia. Percebe-se que as línguas afro-asiáticas não são faladas apenas por árabes, mas em outras regiões da África negra, como pelos Haussas da Nigéria e do Níger, pelo grupo Sara do Chade e também por algumas populações da região do Quênia, na África oriental.

2) A família Khoi-San agrupa línguas faladas pelos grupos Khoi-Khoi e San e por duas ilhotas na Tanzânia, representadas pelo grupo Sandave, próximo dos Khoi-Khoi, e pelo grupo Hadza, próximo dos San.

3) A família Nilo-Saariana reúne as línguas da região do Nilo entre o deserto do Saara e o Quênia, compreendendo países como Chade, Sudão, parte do Quênia e da população centro-africana.

4) A família Níger-cordofaniana, a mais extensa em termos geográficos, reúne línguas faladas pela maioria das populações da África considerada negra. Subdividida em vários grupos ou subfamílias, compreende os seguintes países: Senegal, Gâmbia, Guiné-Bissau, Mali, Burkina Fasso, Níger, Guiné, Serra Leoa, Libéria, Costa do Marfim, Gana, Benim, Nigéria, Camarões, parte da República Centro-africana, Gabão, República do Congo, República Democrática do Congo, Uganda, Ruanda, Burundi, Tanzânia, parte do Quênia, Angola, Zâmbia, Malauí, Moçambique, Zimbábue, Namíbia, Botsuana, Suazilândia e África do Sul.

Hoje os especialistas acrescentam a essas quatro famílias uma quinta, que compreende as línguas faladas em Madagáscar, a família Malaio-Polinésia.

Deve-se observar que não há como conciliar os mapas antropológicos e geopolíticos com os mapas linguísticos na África. Há grupos biologicamente diferentes e grupos de países distintos que falam línguas da mesma família linguística. Isso cria

Origens africanas do Brasil contemporâneo

certa confusão até na literatura especializada a respeito da palavra "bantu", que alguns consideram ora um grupo étnico, ora um grupo com características físicas ou antropológicas diferentes dos demais povos da África negra. No entanto, *banto* é uma palavra linguística. Um complexo de sociedades de etnias que têm culturas diferentes, porém falam as línguas que pertencem à mesma subfamília linguística e que, além de outras palavras em comum, usa todas as palavras *muntu* (singular) e *bantu* (plural) para dizer ser humano, pessoa.

Famílias linguísticas da África subsaariana

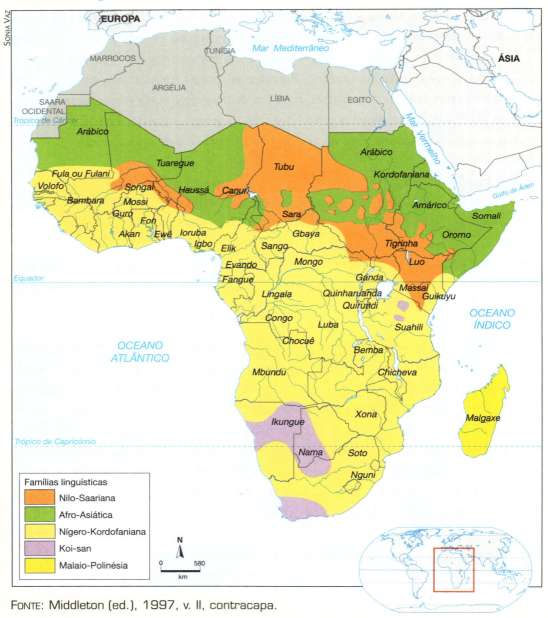

Fonte: Middleton (ed.), 1997, v. II, contracapa.

Diversidade cultural e unidade africana

A África, tanto tradicional quanto moderna, é um mundo variado e diverso. Em sua complexa realidade social, a África é composta de sociedades em que cada uma tem sua individualidade cultural e se expressa por nomes próprios. Na África, existe distância entre os lugares e as maneiras de viver; existe diferença entre o pastor e o agricultor; entre o governante e os governados (súditos). A África é o artista ioruba e o senhor tutsi, o mecânico de Burkina Fasso e o professor de Ilé--Ifé, o pastor fula e o pintor de Kinshasa, o caçador mbuti e o guerreiro nuer, o comerciante de Dacar e o operário de Luanda. Essa lista de diferenças no interior da África subsaariana poderia interminavelmente ser mais extensa.

Estamos todos acostumados a escutar e a ler, até nos textos eruditos, os conceitos de cultura, civilização e africanidade no singular. Cultura africana, civilização africana e africanidade, no seu emprego singular, remetem sem dúvida a uma certa unidade, a uma África única. Mas, diante da extraordinária diversidade e complexidade cultural africana, como é possível conceber certa unidade?

São bastante numerosos os estudiosos que se debruçaram sobre esta questão, entre os quais Paul Bohannan, Maurice Delafosse, Cheikh Anta Diop, Leo Frobenius, Melville Herskovits, Janheing Jahn, Jacques Maquet e D. Paulme.

Todos tentam provar que, apesar da patente diversidade, existem linhas fundamentais comuns que caracterizam a África como um continente cultural. Mas, antes de examinar os argumentos que fundam essa conclusão, devemos rapidamente rever os conceitos de sociedade, cultura e civilização.

Sociedade e cultura são dois conceitos fundamentais da Sociologia e da Antropologia que definem as unidades concretas das quais devemos partir. Em seu sentido habitual, uma sociedade é um grupo de pessoas cujo conjunto organizado de atividades é autosuficiente para garantir a cada uma delas a satisfação de suas necessidades materiais e psicológicas. Essas pessoas se consideram formando uma unidade com limites bem definidos.

Uma cultura é um conjunto complexo de objetos materiais, comportamentos e ideias, adquiridos numa medida variável pelos respectivos membros de uma dada sociedade. As duas entidades são correlativas: uma sociedade não poderia existir sem cultura, essa herança coletiva transmitida de geração em geração e que permite aos descendentes não poder reinventar todas as soluções. Uma cultura supõe a existência de um grupo que a crie lentamente, a viva e a comunique. Tais são as unidades elementares que constituem a realidade social da África: sociedades que têm cada uma sua individualidade cultural que se expressa por nome próprio (Maquet, 1967, p. 6).

As culturas concretas podem ser resumidas em alguns grupos vastos: as civilizações. Nesse sentido, cada civilização delimita o que seria comum a certo número de culturas concretas que manifestam semelhanças essenciais. Não há oposição entre os conceitos de cultura e civilização. A diferença se deve ao fato de que as civilizações não constituem realidades imediatamente perceptíveis para as pessoas que delas participam. Cada cultura concreta é ligada a determinada sociedade, cujos membros têm consciência dela. A civilização, como um agrupamento de culturas, não é, por isso, a tradição de um grupo, e nem sempre as pessoas que dela participam têm consciência dela.

Duas tendências, ambas fundamentadas na realidade africana, dividem-se na literatura especializada. Uma delas se baseia nas diferenças e encara o continente africano como um mundo diverso culturalmente, mas sem negar a possibilidade de resumir essa diversidade em algumas poucas civilizações, o que fizeram os autores citados, que partiram cada um de alguns critérios objetivos: geográficos, históricos, econômicos, tecnológicos, políticos, sociológicos etc.

A outra, ultrapassando a primeira, considera que essas semelhanças apresentam certa unidade, uma constelação, ou seja, "uma configuração de caracteres que conferem ao continente africano" sua fisionomia própria. É essa fisionomia comum que foi chamada de civilização africana no singular na obra de Leo Frobenius e outros estudiosos.

Mas os autores africanos em torno da revista *Présence Africaine* preferiram chamar de africanidade essa fisionomia cultural comum às culturas e civilizações africanas.

Como conciliar então a multiplicidade cultural da África à unidade que constitui a africanidade? Culturas, civilizações e africanidade se situam em três níveis de generalização, mas são conceitos que expressam, cada um a seu modo, a riqueza das heranças da África negra. Elas não são excludentes, mas complementares.

Se a unidade cultural da África negra é um fato, como vamos tentar demonstrá-lo, a questão que alguns colocam é saber por que limitar essa unidade central à África subsaariana. Essa limitação da africanidade ao sul do Saara é objeto de crítica daqueles que pensam que seria uma racialização da África, pelo fato de os habitantes do Magreb pertencerem à grande raça branca e serem excluídos da área da africanidade. As diversas culturas africanas manifestam uma comunidade profunda porque foram elaboradas por homens e mulheres de raça negra? Esse paralelismo entre o cultural e o biológico está no centro da controvérsia sobre o racismo, pois é sobre ele que os racistas pretendem cientificamente fundamentar sua posição. Cultura e raça são variáveis independentes. Não é porque se pertence a tal raça que se fala tal língua ou se domina tal tecnologia. Não é porque os africanos são negros que eles criaram a africanidade. Com efeito, os dados científicos não apoiam a teoria de que as diferenças genéticas hereditárias seriam um fator primordial para determinar as diferenças entre as culturas e suas realizações, entre diversas pessoas ou grupos étnicos.

Além disso, existem populações negras na Ásia, os dravidianos do sul da Índia, e na Oceania, os melanésios. A africanidade não se baseia na comunidade da raça, porque os dravidianos e os melanésios não fazem parte dela.

É certo que, no plano cultural, as sociedades do norte e do sul do Deserto do Saara tiveram, no decorrer da história, muitos contatos. Uma rede de rotas das caravanas regularmente percorrida unificava a costa mediterrânea com Níger e Chade. O Islã tinha adeptos no reino de Gana e em outras cidades-estados que se desenvolveram na região do Sudão. O Vale do Nilo servia também de ligação entre o Egito e o Chifre oriental, particularmente por intermédio dos reinos Kuchitas de Napata e de Meroé (de 700 a.C. a 400 d.C.) e mais tarde do reino de Axum.

No entanto, especialistas acreditam que esses contatos entre os ribeirinhos do Saara não foram suficientemente intensos e numerosos para criar uma unidade cultural entre eles. Principalmente com o resto da África, separada pela grande floresta equatorial das regiões bordando a franja meridional do Saara. Sem dúvida, a civilização do Magreb pertence ao continente africano, mas parece que não pertence à africanidade. Não apenas porque é uma civilização do livro, mas sobretudo porque não teria participado desse longo processo de maturação comum conhecido pelas sociedades ao sul do Saara.

As duas Áfricas situadas dos dois lados do Saara se distinguem culturalmente, mas não porque os habitantes de um e de outro lado são classificados na grande raça negra e na grande raça branca.

De Conacri (Guiné) a Mogadiscio (Somália), de Cartum (Sudão) a Durban (África do Sul), de Abuja (Nigéria) a Maputo (Moçambique) e de Windhoek (Namíbia) a Ndjamena (Chade), percebe-se certa comunidade. São impressões inéditas reparadas por estrangeiros ou mesmo africanos que, depois de morar fora do continente africano, retornam ou visitam outra região diferente daquela onde moraram antes. Não é o sol nem a pele escura que fundamentam essa impressão de comunidade da África. Há sol e calor em todas as regiões do globo situadas entre os trópicos, mas nem por isso sente-se na África.

Essa unidade, forte e confusamente ressentida pelo viajante que retorna à África, é cultural. A experiência de similaridade que é experimentada em diversos pontos da África subsaariana fundamenta-se na similaridade cultural.

O exame atento de certos fenômenos culturais confirma isso. Assim, a estatuária negra, que se desenvolveu em todas as regiões da África subsaariana, compreende numerosos estilos. No entanto, num museu de arte não ocidental, percebe-se facilmente certo parentesco entre as obras africanas, um parentesco que as une entre elas e as diferencia das outras, porque é possível descobri-las num conjunto de obras tradicionais provenientes da Oceania, da América e da Ásia. Não porque tal traço particular se encontra em todas as esculturas africanas e unicamente nessas, mas sim porque uma constelação de caracteres confere à arte africana seu próprio rosto.

A arte africana ou a africanidade artística é o conjunto de formas de artes que surgiram na África subsaariana e que, sejam elas consideradas isoladamente, sejam em conjunto, diferem das formas de artes surgidas em quaisquer outras regiões do mundo. Assim, seria impossível confundir uma máscara bamilikê, bakongo ou bakuba com uma máscara japonesa utilizada no Nô ou um bronze do Benim com obras de artistas ocidentais da mesma época. As formas de arte que se encontram nas diferentes regiões da África negra e entre diferentes etnias não só apresentam muitas vezes semelhanças de estilos, como também possuem em comum certo número de características gerais que se sobrepõem às diferenças de estilos. Verifica-se, por exemplo, determinada quantidade de similitudes nas relações entre as formas artísticas e as crenças religiosas, o que leva a atribuir às práticas rituais da maioria das sociedades africanas as mesmas origens. Em geral, as formas da arte africana inscrevem-se num quadro comum, mesmo que esse pano de fundo conceitual venha se exteriorizar de diferentes maneiras.

As línguas africanas são numerosas. De acordo com os critérios escolhidos, há, segundo autores, de 800 a 2 mil. No entanto, uma de suas quatro grandes famílias, a níger-cordofaniana, estende-se sobre uma área considerável, ocupando praticamente toda a parte continental que se situa ao sul de uma linha traçada de Dacar a Mombaça. Apesar dessa enorme expansão e grande variedade, as línguas níger-cordofanianas apresentam entre elas muitas características comuns para que possam ser classificadas numa única família.

Conclusões similares poderiam ser tiradas de outros domínios da cultura, fora da arte e da língua, das instituições sociais como o casamento, a família, a organização política, os sistemas de crenças e as visões de mundo.

O africano vive em familiaridade com a morte, sendo a morte individual apenas um momento do círculo vital que não prejudica a continuidade da vida. Isso não significa ou não impede que a morte provoque uma desordem tanto na pessoa do defunto como entre seus próximos, na sua linhagem e em toda a sua comunidade. Os ritos funerários servem justamente para contornar de forma simbólica a desordem e restaurar o equilíbrio emocional do grupo abalado pela morte.

Quando ocorre a morte, é preciso compor com a negatividade que ela representa, proteger-se contra ela, elucidar suas causas para proceder à restauração da ordem. Sobretudo, é importante que o grupo afirme sua coesão e vitalidade, coloque em visibilidade suas energias escondidas a fim de uma nova partida: os grandes funerais africanos são festas ruidosas que reúnem pessoas de todas as idades num ambiente de excitação sustentada por danças, cantos, arengas, ritmos dos tambores, comidas e libações. Pouco a pouco a atenção se desvia da morte real, inaceitável em sua dimensão individual e afetiva, para se içar no plano simbólico em que a morte é a garantia de um excedente de vida.

Sociedades, civilizações e culturas africanas

Assim funciona a ideologia funerária da África tradicional: o morto impuro e perigoso é transformado em ancestral protetor e reverenciado, a morte é transformada em vida (Thomas, 1982).

Por sua vez, Cheikh Anta Diop, em seu *L'Unité culturelle de l'Afrique noire*, tenta demonstrar a profunda unidade cultural africana, apesar das aparências enganosas da heterogeneidade. A partir de uma análise comparativa da estrutura da família africana e da família nórdica, passando pelas noções de estado, realeza, moral, filosofia, religião, arte, notadamente a literatura e a estética, ele chega às seguintes conclusões, que confirmam o significado de africanidade:

> O berço meridional confinado ao continente africano é caracterizado pela família matriarcal, a criação do Estado territorial em oposição à cidade-estado nórdica, a emancipação da mulher na vida doméstica, a xenofilia, o cosmopolitismo, uma espécie de coletivismo social, tendo como corolário a quietude, até a despreocupação com o dia seguinte; a solidariedade material de direito para cada indivíduo, que faz com que a miséria material ou moral não seja comum até hoje; existem pessoas pobres, mas ninguém se sente só; ninguém se sente angustiado. No domínio da moral, existe um ideal de paz, de justiça, de bondade, um otimismo que elimina toda noção de culpabilidade ou de pecado original nas criações religiosas e metafóricas. O gênero literário de predileção é o romance, o conto, a fábula e a comédia.

> O berço nórdico, confinado à Grécia e à Roma, é caracterizado pela família patriarcal, pela cidade-estado (havia entre duas cidades algo de mais intransponível do que uma montanha, disse Fustel de Coulange; vê-se facilmente que foi graças ao contato com o berço meridional que os nórdicos alargaram sua concepção de cidade-estado para a ideia de um Estado territorial e de um império. Do caráter particular desses estados, fora dos quais tornava-se um fora da lei, desenvolveu-se o patriotismo no interior, assim como a xenofobia. O individualismo, a solidão moral e material, o desgosto pela vida, um ideal de guerra, de violência, de crimes, de conquista herdada da vida nômade, tendo como corolário o sentimento de culpabilidade ou de pecado original que faz construir sistemas religiosos ou metafísicos pessimistas, é o apanágio desse berço. O gênero literário por excelência é a tragédia ou o drama. O africano, desde os mitos agrários do Egito, nunca foi além do drama cósmico (Diop, 1959).

Uma das realidades da africanidade é a força vital, essa possibilidade de agir sobre as forças por meio das práticas mágicas e da feitiçaria. A própria morte constitui uma das maneiras de agir sobre as forças. A circulação e o princípio da força vital caracterizam toda a África. É por isso que um padre flamengo

Origens africanas do Brasil contemporâneo

chamado Placide Tempels, quando publicou *La Philosofhie bantoue* (que era uma pesquisa feita apenas numa área de populações que falam as línguas bantas), fez com que todos os africanos se reconhecessem nessa filosofia.

O uso da palavra e do gesto, por exemplo, dá uma outra ideia de africanidade. Pelo uso da palavra e do gesto, o homem pretende apropriar-se de uma parte importante da força que irriga o universo e utiliza essa força para suas próprias finalidades. As palavras são eficazes porque são carregadas de forças. A palavra, na África, pode não só curar como também matar, porque é carregada de uma força vital importante. Enquanto a feitiçaria pode ser aplicada lícita e abertamente, a magia, ao contrário, é considerada criminosa porque visa prejudicar alguém. Na África, a atitude mágica e a visão do mundo de forças são, logicamente, coerentes, o que é diferente das outras civilizações. A morte não é uma ruptura, é uma mudança de vida, uma passagem para outro ciclo de vida; os mortos entram na categoria dos ancestrais, participam de uma força vital maior.

Assim, a filosofia de participação na vida global do mundo, a busca do crescimento da força e a consciência da primazia do coletivo sobre o indivíduo constituem um outro aspecto da africanidade. Evidentemente, essa visão ontológica é expressa de diversas maneiras, isso existe em todas as culturas; mas a maneira de expressar é diferente.

A iniciação, uma das características fundamentais da africanidade, é uma experiência que pode ser temível quando acompanhada de operações cirúrgicas, como a circuncisão ou a excisão, ou as escarificações e deformações dentárias, que constituem as marcas étnicas. Constituem-se em provas que devem ser suportadas sem queixa, pois, para desfrutar os direitos de adulto, é preciso ser digno, mostrar que se está apto a suportar as feridas físicas e morais que a vida inflige, as dores do parto e os riscos da guerra. A iniciação é também um ensinamento, uma escola, e isso é mais importante ainda nas sociedades guerreiras e pastorais.

Com relação ao casamento, ser adulto é antes de tudo ser casado, ser pai, mãe. Não há nas sociedades africanas papel social normal previsto para os solteiros. Frutos de enfermidades físicas ou debilidade mental, os casos de solidão voluntária se produzem apenas às vezes e são considerados aberrações ou acidentes infelizes. Em geral, a iniciação é, em grande parte, uma preparação para o casamento. O casamento africano não é interessante apenas aos futuros esposos, ele é antes de tudo uma aliança entre dois grupos de parentesco. A primazia da linhagem é claramente indicada durante todas as etapas do longo processo de casamento. A preferência individual é menos importante; existe, mas tem menos importância.

Uma das características desse casamento é o dote. Sempre vai da família do futuro marido à família da mulher. A troca das mulheres realmente seria a origem do dote, um problema da perpetuação das linhagens – isso supõe a exogamia.

Em um sistema matrilinear, é bastante comum que as esposas dos homens de linhagem venham do exterior e que as filhas de linhagem saiam para se casar. É por meio da circulação das mulheres que se faz a perpetuação da linhagem. A forma mais simples é a troca das mulheres, mas esta não é prática por diversos motivos, entre os quais condições demográficas e divórcio. Daí o casamento por compensação matrimonial que se faz por dote para evitar esses inconvenientes.

O casamento africano comporta, também, rituais. Não há transferência dos direitos sobre a primogenitura da mulher sem a transferência dos bens matrimoniais.

A poligamia, um dos traços fundamentais de toda a África, é considerada admissível e mesmo desejável. No entanto, estruturalmente, algumas sociedades não permitem a poligamia. É o caso do casamento na sociedade matrilinear, por exemplo, em que o homem é obrigado a abandonar sua família, depois de casado, para viver com a família da mulher. Então, é impossível, nesse caso, estruturalmente, que haja poligamia, com exceção dos chefes políticos.

Há diversas formas de governo africano: chefia, reino e até império. No entanto, essas formas têm em comum certas características. O poder, a autoridade do patriarca da linhagem, é baseado nos laços de sangue (isso é fundamental); a autoridade de um chefe de aldeia segue a mesma lei do sangue; numa chefia, há o predomínio da lei da territorialidade para justificar a autoridade, mas o fundamento do poder é calcado no parentesco, pelo sangue. Mesmo quando esse parentesco não é real, ele pode ser mítico. Sempre se vai inventar uma relação mítica para poder justificar o parentesco. Mesmo no caso das chefias dos reinos onde a territorialidade é predominante para justificar o poder, o parentesco está sempre presente.

Nas monarquias africanas, não há uma separação nítida entre os três poderes: Legislativo, Judiciário e Executivo, que são geralmente reunidos na pessoa do monarca. O que leva, teoricamente, a certo absolutismo, porque ele é praticamente neutralizado pela união das linhagens, que constituem grandes forças sociais e que o rei deve respeitar. Podem ocorrer revoltas para derrubar o poder ou migrações de algumas facções de população para outros territórios. A história das migrações africanas e a criação dos novos reinos têm base nas disputas. Quando não é possível derrubar o poder do rei, geralmente as pessoas migram, descobrem novo território, criam um poder. Assim nasceram vários reinos, vários poderes diferentes. Às vezes, tem-se a impressão de que um sistema de parentesco é algo estático. Não é. Uma população pode ser, na origem, patrilinear, mas quando migra por causa de conflitos de poder pode mudar as regras de parentesco para criar novos preceitos de sucessão ao trono.

O poder supremo do monarca africano é normalmente sagrado. O soberano, por seu cargo, e não por uma predestinação individual, ocupa uma posição privilegiada no universo das forças do mundo do qual participa, mais do que seus súditos, pois é representante do seu povo. Há uma identificação mítica entre o rei e seu povo. Nesse sentido, em numerosos reinos do Leste e do Oeste, quando o rei se encontra doente ou enfraquecido, a própria força do grupo está ameaçada. As colheitas diminuem, o gado produz menos leite e as mulheres se tornam menos fecundas. Por isso, o rei, cuja diminuição de vitalidade contaminava o país todo, devia suicidar-se ao "adormecer", como se diz no reino do Golfo de Benim. Teoricamente, o rei não pode morrer, nem por suicídio nem por morte natural, como o seu povo, porque o rei é eterno. Por isso, quando o monarca entrava no seu repouso definitivo, o evento era escondido em algumas sociedades; em outras, os ritos funerários negavam a morte – ritualmente o rei devia renascer na forma de um animal, o qual se manifestava na pessoa do seu sucessor. Em geral, o rei divino é submetido a uma série de ritos e tabus. A sucessão normalmente é hereditária, a lei da genealogia é a regra que legitima essa sucessão. Se geralmente há uma linha de preferência, matrilinear ou patrilinear, sempre há um grupo ou uma categoria de sucessores possíveis, e não um único sucessor. A escolha é feita pelos dignitários ou notáveis, chefes das linhagens. Às vezes há guerra de sucessão entre os candidatos e as facções que o sustentam. A rigidez do princípio hereditário é temperada pela pluralidade dos candidatos e, de modo geral, o candidato que tem o apoio dos notáveis possui mais chance. A importância da corte na administração é grande. Na administração sempre há quem é amigo do rei, parentes, representantes das linhagens etc.

Vamos falar da democracia. Qual a característica da democracia africana? Era a unanimidade e não a maioria parlamentar. Os anciãos discutiam horas e horas embaixo de uma árvore. Discutiam até conseguir a unanimidade para tomar a decisão. Isso pode explicar por que em muitos países africanos o regime parlamentar não deu certo. A tendência é voltar sempre ao partido único para reencontrar essa unanimidade africana.

Na esfera da ação, a unidade africana foi também reconhecida pela afirmação da negritude e do pan-africanismo. A negritude, posição intelectual, e o pan-africanismo, posição política, convergem ao afirmarem, a primeira, que todos os africanos tinham uma civilização em comum, o segundo, que todos os africanos deviam lutar em conjunto.

Intuição global de vida concreta africana, análise das obras, das instituições, das ideias, visões do mundo, reivindicação da negritude, ação política do pan-africanismo convergem para o mesmo fato: a África ao sul do Saara é culturalmente uma. Essa comunidade cultural é a africanidade, ou seja, a configuração própria à África de diversos traços que podemos encontrar separadamente alhures. Todos os rostos humanos são constituídos dos mesmos componentes: narizes, olhos, lábios, bocas etc., em que esses componentes podem ser encontrados idênticos em diversos rostos; mas a combinação desses traços idênticos forma o rosto único. A africanidade é esse rosto cultural único que a África oferece ao mundo.

A questão da africanidade nas diásporas está relacionada à questão das resistências culturais, que por sua vez desembocaram em identidades culturais de resistência em todos os países do mundo, beneficiados pelo tráfico negreiro. O Brasil é um deles, ou melhor, é o maior dos países beneficiados pelo tráfico transatlântico e aquele que oferece diversas experiências da africanidade em todas as suas regiões, do norte ao sul, do leste ao oeste.

Tradição e modernidade na África

Poder-se-ia perguntar se essa África tradicional, de ontem, é ainda a África de hoje. Depois de séculos de contato com o Islã em grande parte da África ocidental e oriental, com o cristianismo em toda a África negra; depois de quase dois séculos de violência colonial, há de se perguntar, a justo título, o que sobrou das estruturas tradicionais africanas e, consequentemente, de suas religiões e visões de mundo? Pergunta muito fácil de ser feita, mas extremamente difícil de ser respondida, e que muitas vezes encontra respostas bem simplistas e reducionistas em dois campos opostos: um pessimista e o outro otimista.

No campo pessimista encontram-se todos aqueles que acreditam que o continente africano, tecnicamente sem defesa no momento de confronto com a civilização ocidental, saiu como grande perdedor em todos os níveis: desmantelamento de suas estruturas socioeconômicas e políticas, aniquilamento de suas filosofias, de suas ciências e de suas religiões. Evidentemente, há nesse campo todas as nuances possíveis: há os que pensam que a África negra era um deserto cultural antes do contato com o exterior e que esse deserto foi preenchido culturalmente pelo contato com o Ocidente, embora reconheçam os contatos anteriores com os povos asiáticos. Nesse preenchimento, as "ridículas superstições" africanas foram substituídas, sem resistência, pelas religiões reservadas aos únicos ocidentais. Há os que, embora aceitem que os negros africanos tinham também as suas religiões, acreditam que no contato com a civilização ocidental, caracterizado pela violência, a África perdeu a quase totalidade de suas religiões, que foram substituídas pelas religiões cristãs no local onde o Islã não estava presente.

De acordo com a tese pessimista, a industrialização da África e seus corolários (urbanização, integração na economia monetária etc.) afetaram profundamente suas estruturas sociopolíticas, religiosas etc. Lembrar-se-á que, segundo o pensamento liberal, o desenvolvimento não é apenas uma questão econômica, mas também um problema de mentalidade. O espírito religioso do negro, baseado no tempo cíclico e mítico, de acordo com essas teorias liberais, seria incompatível com o desenvolvimento e o progresso fundamentados no tempo linear, característica do homem ocidental e da trajetória histórica. Ou o negro abandona seus mitos, seus

Origens africanas do Brasil contemporâneo

deuses voltados ao passado, para adotar pensamentos compatíveis com a racionalidade instrumental, ou persiste com seu mundo pré-lógico e cai fora do desenvolvimento, do progresso e do circuito histórico.

O segundo campo, otimista, reúne todos aqueles que, apesar da força bruta que caracterizou o tempo colonial, da industrialização com seus efeitos perversos, da escola, da ação missionária, da islamização da África na maioria da África ocidental, no Sudão, no Chade, em Uganda, no Chifre de Abissínia, no litoral da Tanzânia e da cristianização da África com a maioria de cristãos no sul da África e em alguns países do centro, como no Congo, no Zaire, em Angola e na Zâmbia, continuam a clamar por uma África religiosamente potente e feliz que conseguiu resistir, conservando quase inalterável a parte mais profunda de sua alma africana.

As duas tendências opostas e extremistas são, a meu ver, totalmente errôneas. As conclusões por elas fornecidas sobre a realidade atual das religiões africanas autênticas são calcadas num julgamento apriorístico, em vez de serem o resultado de uma pesquisa empírica baseada na realidade africana. A partir do momento em que se aceita como premissa inicial o caráter dinâmico de todas as culturas, inclusive de seus componentes religiosos, a questão fundamental e interessante que se colocaria do ponto de vista científico não reside na equação matemática *perda total versus resistência total* ou *manutenção total versus mudança total*.

Uma análise consistente residiria na interpretação dos resultados de uma pesquisa empírica dentro de um universo determinado, por exemplo, campo e cidade. Estudos realizados nesses contextos apontam uma relação dialógica e uma convivência pacífica entre tradição e modernidade na África. Graças à solidariedade entre membros da linhagem que os indivíduos têm acesso à modernidade. Em virtude das relações de parentesco os jovens que vivem nas cidades preservam as relações de solidariedade com os parentes que vivem nas aldeias. Se é verdade que houve destruição da base técnica e econômica das populações africanas pela industrialização, além de influências negativas sobre a religião, está se esquecendo de que os campos e as aldeias africanas, onde ainda vive a maioria das populações mais arraigadas às tradições, não foram industrializados. Os pigmeus continuam a caçar no seu ambiente natural, utilizando o arco e flecha e cultuando seu deus. As populações semi sedentárias das clareiras e as populações sedentárias agricultoras das savanas permanecem em seus respectivos ambientes naturais, utilizando a enxada e realizando seus ritos agrários de fertilidade da terra. Os pastores do leste, os bosquímanos e os hotentotes não foram atingidos pela industrialização.

Não se pode negar que essas populações utilizam alguns objetos da civilização ocidental: o agricultor vai ao campo de bicicleta, utiliza a moeda ocidental (os francos, dólares, *shillings*), sapatos, calças, relógios, gravatas e rádios de pilhas, entre outros. Mesmo assim, a realidade no campo não mostra a destruição total das religiões dessas populações. Sem dúvida, a monetarização criou novos problemas que mereceriam um estudo aprofundado. Por exemplo, a substituição dos objetos simbólicos tradicionais pela moeda provocou, em alguns casos, especulações comerciais que, a longo prazo, podem desnaturar o valor profundamente religioso das trocas simbólicas. Em algumas sociedades, essas especulações já se manifestam em matéria de dote ou trocas matrimoniais. Em que medida essa monetarização não perturbaria as funções religiosas dos chefes tradicionais a partir do momento em que esses foram transformados em funcionários públicos, remunerados mensalmente e, às vezes, nomeados e demitidos pela autoridade superior de concepção ocidental, independentemente das normas tradicionais preestabelecidas? Em que medida a presença do missionário no campo, a influência da escola e o contato com a cidade por meio dos mecanismos de parentesco não afetariam as religiões? São esses, entre outros, os fatores que poderiam ser pesquisados para entender o sentido e o rumo das religiões tradicionais africanas no campo.

Em geral, a cidade é apontada como o domínio das mudanças espetaculares, onde as religiões africanas possuem pouquíssimas chances de sobreviver por causa da industrialização, da presença maciça da escola e da ação do missionário. Em consequência desses fatores, a cidade é o lugar onde a descaracterização cultural teve maior sucesso. É verdade que, em algumas cidades africanas, os cultos religiosos tradicionais aparecem em condições marginais em comparação aos cultos cristãos. Essa marginalidade tem suas raízes na situação colonial. A maioria das pessoas mais velhas que vive nas cidades continua secretamente a praticar suas religiões. Nisso a interação entre os campos e as cidades, pelos mecanismos de parentesco, ajuda bastante. Sabe-se, por exemplo, que um pai de família, constrangido pela presença do missionário na sua vida e pelo medo de perder sua posição social por causa do contato com o missionário ou, ainda, pelo medo de ver seus filhos expulsos da escola, escondia sua segunda mulher e aproveitava as férias para ir à sua aldeia e ali cumprir suas obrigações culturais. A mesma situação ocorria com os agentes subalternos da administração colonial. Parece que esses jogos "às escondidas" continuam a ser praticados em muitas cidades, mesmo depois das independências, particularmente em situação de crise. Além disso, as populações mais jovens nascidas nas cidades perdem cada vez mais o contato físico com as aldeias e não são mais frequentemente submetidas aos ritos de iniciação pelos quais recebiam os ensinamentos religiosos.

Os progressos da medicina ocidental diminuíram significativamente o sucesso dos adivinhos, dos sacerdotes curandeiros e dos médicos tradicionais. No entanto, nota-se que essa medicina europeia não foi suficiente para substituir os ritos de possessão, que estão cada vez mais florescentes nas cidades africanas onde são criadas novas religiões com base nas antigas, despojadas de suas mitologias. Observa-se também um desenvolvimento sensível da mágica, dos movimentos proféticos e de diversas seitas religiosas – um fenômeno urbano. Talvez tudo isso seja uma resposta

Origens africanas do Brasil contemporâneo

da África ao desequilíbrio sociológico e psíquico profundo criado nas cidades pelos mecanismos de descaracterização cultural resultante da colonização. A proliferação das religiões e seitas religiosas na África contemporânea é um fenômeno espetacular associado à pobreza, ao desemprego, à falta de outras alternativas de sobrevivência diante dos Estados falidos e de uma economia globalizada que marginaliza cada vez mais os habitantes desse continente.

A questão fica colocada entre tantas outras. De outro modo, o Islã continua sua lenta progressão, ocupando cada vez mais espaços. As religiões cristãs multiplicam seus esforços para africanizar-se, isto é, adaptar suas estruturas para poder assumir e integrar os valores sociais e culturais das religiões tradicionais. Alguns veem nessa integração a única chance de sobrevivência das religiões africanas.

Eis o quadro complexo em que se encontram as religiões africanas hoje: uma justaposição das religiões. Nessa justaposição há algo persistente que poderia caracterizar as religiões africanas de amanhã: a relação de força vital que explica a comunhão constante entre o homem e a natureza. Cada africano, protestante, cristão, muçulmano, qualquer que seja sua profissão religiosa, conserva ainda esse fundo de relação de força vital constatado particularmente nas situações críticas. Em qualquer situação de crise, o protestante, o católico ou o muçulmano pode ir à aldeia para conversar com seus deuses.

CAPÍTULO 3

Aspectos históricos

África: berço da humanidade

Os especialistas das disciplinas biológicas (Paleontologia, Antropologia biológica, Biologia molecular, Genética humana) nos ensinam que a África é o berço da humanidade, isto é, o continente onde surgiram os primeiros ancestrais dos homens e das mulheres que habitam nossa galáxia.

Trata-se de uma longa história que começou há milhões de anos no Vale da Grande Fenda. O fundo desse vale que atravessa a Tanzânia, o Quênia e a Etiópia é marcado por lagos e vulcões em maior ou menor grau de extinção e repleto de sítios de fósseis ricos em remanescentes dos nossos ancestrais primitivos e seus primos australopitecinos. As descobertas recentes, realizadas acima e abaixo do vale e em toda a sua extensão, desvendam cada vez mais os mistérios que cercam a pré-história humana. Elas não deixam dúvida sobre a origem africana dos remanescentes dos nossos ancestrais *Homo*, que se originaram no Vale da Grande Fenda há cerca de 7 milhões de anos.

Saber como e quando esse pré-humano se transformou em humano constitui ainda um tema de discussão científica. Certamente foi um processo bastante gradual que se estendeu, talvez, por centenas de milhares de gerações e envolveu mudanças físicas e evoluções culturais espetaculares.

Os primeiros seres geralmente reconhecidos como ancestrais humanos foram os australopitecos, cujos vestígios têm sido encontrados entre Etiópia e Transvaal (África do Sul), em contextos que datam de 4 milhões a cerca de 1,5 milhão de anos atrás. Os australopitecos mediam pouco mais de 1,20 metro de altura e tinham um cérebro de aproximadamente 450 centímetros cúbicos, ou seja, um terço do tamanho atual. Vivendo provavelmente de caça ou carniça e também de coleta, deram um passo significativo ao aprender a lascar pedra a fim de produzir toda uma variedade de utensílios de borda afinada para corte e raspagem.

O australopiteco passou por um longo processo evolutivo, seguido pelos estágios de *Homo habilis* e *Homo erectus* antes de atingir o estágio de *Homo sapiens*, de quem descende o homem moderno. Todos esses estágios evolutivos foram realizados no próprio continente africano, o que gera dúvida quanto à presença anterior do ser humano em outros continentes. A tese migratória apoiada por evidências cronológicas comprova que os homens de outros continentes (por exemplo, o homem de Neandertal, de Cro-Magnon, de Grimaldi etc.) são descendentes do australopiteco. Há cerca de 1,5 milhão de anos, os ancestrais humanos viviam num Éden que abrangia principalmente as savanas altas entre a Etiópia e o Cabo (África do Sul). A partir desse período, o *Homo erectus*, que já tinha uma cultura bastante desenvolvida, elaborada em utensílios acheulenses, espalhou-se sobre grande parte das áreas tropical e subtropical do mundo antigo, desde a África meridional até a Ásia e a Europa.

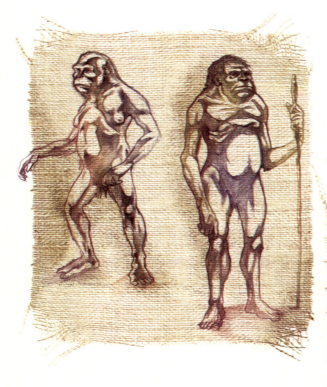

Australopitecos e seus utensílios.

O grande paleontólogo e místico jesuíta Teilhard de Chardin, ao escrever nas vésperas da Segunda Guerra Mundial, produziu uma passagem memorável sobre quão silenciosamente o homem fez sua entrada na cena da história do mundo.

> Ele caminhou tão suavemente que, quando sua presença foi finalmente denunciada pela evidência indestrutível de seus utensílios de pedra [...], ele já se havia espelhado através do Mundo Antigo, desde o Cabo da Boa Esperança até Pequim (Chardin apud Oliver, 1994).

Aspectos históricos

Resumidamente, a espécie humana originou-se nos pés das montanhas de Lua, no Vale da Grande Fenda, marcados por grandes lagos onde estão as nascentes do Nilo. Foi desse lugar que os homens e as mulheres partiram para povoar o próprio continente e o resto do mundo. Disso resultou a hipótese de que os primeiros seres humanos, por terem origem nos trópicos, em torno dos grandes lagos, apresentavam, certamente, no início, pigmentação escura. Foi pela adaptação em outros climas que a matriz original se dividiu mais tarde em populações diferentes chamadas raças, por causa de suas características distintivas quanto à cor da pele e outros traços morfológicos.

Reconstituição do hábitat dos australopitecos.

Origens africanas do Brasil contemporâneo

O Vale da Grande Fenda

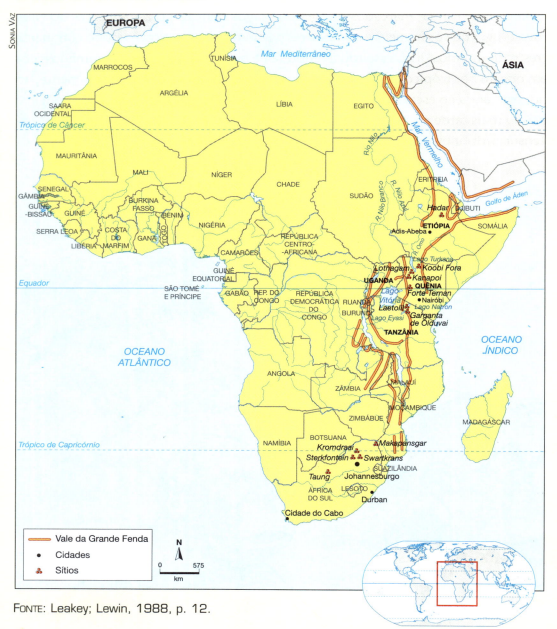

FONTE: Leakey; Lewin, 1988, p. 12.

Aspectos históricos

Antigas civilizações da África

CIVILIZAÇÃO EGÍPCIA

Entre as civilizações mais antigas da história da humanidade, algumas foram desenvolvidas no continente africano, como é o caso da civilização egípcia. Porém, durante muito tempo, pensava-se que o Egito tinha sido povoado a partir da Ásia, até então considerada o berço da humanidade. Com isso, a civilização egípcia teria uma origem exterior à África. Mas a aceitação geral da tese da origem africana do homem tornou possível em termos totalmente diferentes a questão do povoamento do Egito e da origem de sua civilização.

A questão da qual não se deve fugir é saber qual foi a cor da pele de homens e mulheres que construíram a civilização egípcia. Se o povoamento do Egito se deu a partir dos imigrantes africanos do Vale da Grande Fenda, não há dúvida de que foram eles os primeiros a construir essa civilização. Séculos depois, o antigo Egito foi invadido por persas, gregos e romanos que, sem dúvida, deixaram suas marcas e contribuições, como sempre acontece em todos os contatos entre as civilizações que marcaram a história da humanidade. Olhando para a sociedade brasileira, o que ela seria sem essa diversidade de culturas e povos que aqui se encontraram? Observe o resto dos países da América do Sul, o que eles seriam hoje se as civilizações da Península Ibérica não tivessem colonizado e destruído povos nativos e suas civilizações? Pelos mesmos motivos, a feição do povo do Egito antigo, incluindo a cor da pele, era diferente da do Egito de hoje.

No entanto, as mudanças provocadas pelas invasões e imigrações não devem apagar as contribuições dos nativos na história dessas civilizações, como se tentou fazer na historiografia ocidental colonial, ao negar a origem negra da civilização egípcia. Essa negação foi uma estratégia político-ideológica que visava rechaçar o negro do processo da civilização universal a fim de justificar a colonização, a dominação política e a exploração econômica de suas riquezas.

Para os historiadores e escritores gregos e latinos que visitaram o norte da África no início e depois das invasões gregas e romanas, a classificação física não era problema: "Os egípcios eram negros, de lábios grossos, cabelo crespo e pernas finas [...]. Fica difícil ignorar ou subestimar a concordância entre os testemunhos apresentados pelos autores com referência a um fato tão evidente quanto a raça de um povo" (Diop, 1983, p. 48).

Vamos aos depoimentos desses testemunhos, cuja contundência não deixa dúvida sobre a origem negra na civilização egípcia:

45

Origens africanas do Brasil contemporâneo

Pirâmides do Egito.

Obeliscos e esfinge de Quéfren (IV Dinastia, 2.500 a.C.), no Egito.

Heródoto (cerca de 480 a.C. a 425 a.C.)

No século V antes da Era Cristã, quando Heródoto visitou o Egito, um povo de pele negra, os Kolchu, ainda vivia na Cólquida, no litoral armênio do Mar Negro, a leste do antigo Porto de Trebizonda, cercado de nações de pele branca. Os estudiosos da Antigudade ficaram intrigados quanto à origem desse povo, e Heródoto, em *Euterpe*, o segundo livro de sua história do Egito, tenta provar que os Kolchu eram egípcios. Daí sua argumentação:

> É, de fato, evidente que os colquídios são de raça egípcia [...]. Muitos egípcios me disseram que, em sua opinião, os colquídios eram descendentes dos soldados de Sesóstris. Eu mesmo refleti muito a partir de dois indicadores: em primeiro lugar, eles têm pele negra e cabelos crespos (na verdade, isso nada prova, porque outros povos também os têm), e, em segundo lugar – e este é um indicador mais consistente – os egípcios e os etíopes foram os únicos povos, de toda a humanidade, a praticar a circuncisão desde tempos imemoriais – os próprios fenícios e sírios da Palestina reconhecem que aprenderam essa prática com os egípcios, enquanto os sírios do Rio Termodon e da região de Pathenios e seus vizinhos, os macrons, dizem tê-la aprendido recentemente com os colquídios. Essas são as únicas raças que praticam a circuncisão, e deve-se observar que a praticam da mesma maneira que os egípcios. Quanto aos próprios egípcios e aos etíopes, eu não poderia afirmar quem ensinou a quem essa prática, pois ela é, evidentemente, muito antiga entre eles. Quanto ao fato de o costume ter sido aprendido por intermédio dos egípcios, uma outra prova significativa para mim é o fato de que todos os fenícios que comerciavam com a Grécia não tratavam suas partes pudentes conforme a maneira egípcia e não submetiam seus filhos à circuncisão (Diop, 1983, p. 48).

Aristóteles, cientista, filósofo e tutor de Alexandre, o Grande (384 a.C. a 322 a.C.)

Num de seus trabalhos menores, Aristóteles tenta, com surpreendente ingenuidade, estabelecer uma correlação entre a natureza física e a natureza moral dos seres vivos e nos fornece evidências sobre a raça egípcio-etíope que confirmam o testemunho de Heródoto. Escreveu ele: "Aqueles que são muito negros são covardes, como os egípcios e os etíopes. Mas os excessivamente brancos também são covardes, como podemos ver pelo exemplo das mulheres" (Diop, 1983, p. 51).

Luciano, escritor grego (125 a.C. a 190 d.C.)

O testemunho de Luciano é tão explícito quanto o de Heródoto e de Aristóteles. Ele apresenta dois gregos, Licino e Tinolaus, que iniciam um diálogo. Licino, ao descrever um jovem egípcio, disse:

> Este rapaz não é simplesmente preto; ele tem lábios grossos e pernas muito finas [...] seu cabelo trançado atrás mostra que não é um homem livre". Tinolaus: "mas no Egito esse é um sinal das pessoas muito bem-nascidas, Licino. Todas as crianças nascidas livres trançam o cabelo até atingirem a idade adulta. Esse é um costume exatamente oposto ao dos nossos ancestrais, que acham conveniente, para os velhos, prender o cabelo com um broche de ouro, para mantê-lo em ordem (Diop, 1983, p. 51).

Apolodoro, filósofo grego (1º a.C.)

"Egito conquistou o país dos homens de pés negros e chamou-o Egito, a partir de seu próprio nome" (Diop, 1983, p. 51).

Estrabão (58 a.C. a 25 d.C.)

Estrabão havia visitado o Egito e quase todos os países do Império Romano. Concorda com a teoria de que os egípcios e os Kolchu são da mesma raça, mas sustenta que as migrações para a Etiópia e Cólquida vieram apenas do Egito.

> Os egípcios estabeleceram-se na Etiópia e na Cólquida. Não há qualquer dúvida sobre a concepção de Estrabão a respeito da raça egípcia, pois ele procura, em outra parte, explicar por que os egípcios são mais escuros do que os hindus, circunstância que permitiria a refutação, se necessário, de qualquer tentativa de confundir a raça hindu e a raça egípcia (Diop, 1983, p. 52).

Diodoro da Sicília (63 a.C. a 14 d.C.)

Historiador grego e contemporâneo de César Augusto. Segundo ele, provavelmente foi a Etiópia que colonizou o Egito (no sentido ateniense do termo, significa que, em razão da superpopulação, parte do povo emigrou para o novo território).

> Os etíopes dizem que os egípcios são uma de suas colônias, que foi levada para o Egito por Osíris. Eles afirmam que, no começo do mundo, o Egito era apenas um mar, mas que o Nilo, transportando em suas enchentes grandes quantidades de limo da Etiópia, terminou por colmatá-lo e tornou-o parte do continente

Aspectos históricos

[...]. Acrescentam que os egípcios receberam deles como de seus autores e ancestrais a maior parte de suas leis (Diop, 1983, p. 52).

Amiano Marcelino (330 d.C. a 400 d.C.)

Historiador latino e amigo do imperador Juliano. Com ele, atingimos o ocaso do Império Romano e o fim da Antiguidade clássica. Quase nove séculos se passaram entre o nascimento de Ésquilo de Heródoto e a morte de Amiano Marcelino, período durante o qual os egípcios, em meio a um mar de raças brancas, se mesclavam constantemente. Pode-se dizer sem exagero que, no Egito, uma em cada dez incluía um escravo branco, asiático ou indo-europeu. Porém é notável que, apesar de sua intensidade, a miscigenação não havia alterado significativamente as constantes raciais. De fato, escreve Amiano Marcelino: "A maior parte dos homens do Egito são morenos ou negros, com uma aparência descarnada". Ele também confirma o depoimento já citado sobre os Kolchu: "Além destas terras está a pátria dos Camarita, e o Fásis, com sua correnteza veloz, banha o país dos Kolchu, uma antiga raça de origem egípcia" (Diop, 1983, p. 55).

Volney (1783 d.C. a 1785 d.C.)

Cientista latino, Volney viajou pelo Egito entre 1783-1785, isto é, em pleno período da escravidão negra.

Ele fez as seguintes observações sobre os coptas (representantes da verdadeira raça egípcia, aquela que produziu os faraós):

Todos eles têm faces balofas, olhos inchados e lábios grossos, em uma palavra, rostos realmente mulatos. Fiquei tentado a atribuir essas características ao clima, até que, visitando a Esfinge e olhando para ela, percebi a pista para a solução do enigma. Contemplando essa cabeça, cujos traços são todos caracteristicamente negros, lembrei-me da conhecida passagem de Heródoto: "De minha parte, considero os Kolchu uma colônia do Egito porque, como os egípcios, eles têm a pele negra e o cabelo crespo". Em outras palavras, os antigos egípcios eram verdadeiramente negros, da mesma matriz racial que os povos autóctones da África; a partir desse lado, pode-se explicar como a raça egípcia, depois de alguns séculos de miscigenação com sangue romano e grego, perdeu a coloração original completamente negra, mas reteve a marca de sua configuração. É mesmo possível aplicar essa observação de maneira ampla, e afirmar, em princípio, que a fisionomia é uma espécie de documento, utilizável em muitos casos para discutir ou elucidar os indícios da história sobre a origem dos povos... (Diop, 1983, p. 56).

Origens africanas do Brasil contemporâneo

A história do Egito faraônico conta com 30 dinastias que se sucederam entre cerca de 3000 e 333 a.C. Até o fim da XX dinastia, por um período aproximado entre 3000 e 1200 a.C., não há indicações sobre invasões externas, salvo conflitos internos entre Alto e Baixo Egito.

O período de instabilidade e declínio político começa a partir da XXI dinastia, caracterizada por invasões e ocupações pelas soberanias estrangeiras. Uma família de origem líbia vinda de Fayum apossou-se do trono egípcio e fundou uma dinastia que durou aproximadamente 200 anos. Depois veio uma segunda invasão encabeçada por Sargão II, soberano assírio, que derrotou o exército do faraó Bócchoris em 720 a.C. O rei sudanês Shabaka invade também o Egito por volta de 720 a.C., unifica o Sudão e o Egito e funda a dinastia sudanesa, a XXV dinastia dos faraós. Essa dinastia durou 60 anos, até o momento em que os assírios, ao cabo de inúmeras campanhas, conseguiram vencê-la. Sob o comando de Cambises, os persas ocupam o trono da XXVII dinastia, colocando praticamente fim à história do Egito como potência independente. As últimas três dinastias (XXVIII, XXIX e XXX) são de origem local. Os reis da XXIX e da XXX dinastia conseguiram manter por aproximadamente 60 anos a independência assim conquistada, até a segunda dominação persa reiniciada em 341 a.C. e interrompida em 332 a.C., quando Alexandre, o Grande, invadiu o Egito após ter derrotado a Pérsia na Batalha de Isso (A. Abu Bakr, p. 71-98).

Podemos, seguramente, deduzir da história do Egito faraônico que, pelo menos, 21 dinastias faraônicas eram nitidamente negras: as primeiras vinte dinastias que, ininterruptamente, reinaram sem que houvesse invasões estrangeiras, e a XXV dinastia, que foi sudanesa e negra.

Os testemunhos aqui rapidamente resumidos apresentam um grau de concordância de difícil contestação sobre a origem negra da civilização egípcia. No entanto, esses fatos em toda sua objetividade estão ainda subestimados e ocultados no ensino da história. O que estaria por trás dessa ocultação e subestimação da capacidade criadora dos negros da África? Certamente, a justificação e a legitimação da colonização e da exploração do continente africano, da sujeição dos povos e a pilhagem de suas riquezas naturais.

Império de Kush e civilização cuxita

No Vale do Alto Nilo, entre a segunda e a sexta catarata, num território que correspondia mais ou menos ao atual Sudão, desenvolveu-se uma das antigas civilizações, autenticamente africanas, fora do vale do Nilo: a civilização cuxita, relativa ao império de Kush.

Esse império, cujo nome é derivado do antigo nome nativo do território, sobreviveu durante um milênio. Sua primeira capital, Napata, situava-se ao pé da montanha

50

Aspectos históricos

sagrada Djebel Barkal. Por razões de ordens política e geoeconômica, a capital foi transferida para a região mais meridional do território: Meroé, não muito longe da sexta catarata do Nilo.

Politicamente, os cuxitas, atentos à invasão de seus poderosos vizinhos do Norte, o Egito, procuraram manter sua capital à maior distância dele. Geográfica e economicamente, Meroé situava-se na área das estepes, mais propícia à agricultura extensiva, e no cruzamento das rotas seguidas pelas caravanas, entre o Mar Vermelho, o Alto Nilo e o Chade.

O império de Kush caracteriza-se, entre outros, pela afirmação do poder de um matriarcado tipicamente local. Além do reinado da rainha Shanakdakhete (cerca de 170 a 160 a.C.), duas outras rainhas, Amanirenas e Amanishakehto, tiveram na época um destaque especial. Ambas tinham o título de Candace, transcrição do título Kdke na tradição dos autores clássicos, e governaram o império com o afastamento total de seus maridos do poder.

A glória de Kush se reflete, sem sombra de dúvida, em certas lendas da África meridional e ocidental. Entre os Sao, povos autóctones da região, mantém-se a lembrança de uma iniciação trazida por povos vindos do leste. Certos povos na África ocidental derretem o bronze pelo processo de cera perdida, como se fazia no reino cuxita. Mas a contribuição capital do império Meroítico foi a disseminação da indústria do ferro no continente africano.

A riqueza do império de Kush teria cedo atraído a cobiça dos faraós do Egito que o conquistaram por volta de 1530 a.C. Foi durante o reinado do faraó Tutémois I. Durante 500 anos, as terras de Kush ficaram impregnadas da cultura egípcia. Em 725 a.C., um faraó de origem cuxita (sudanesa) toma o poder, anexa o Egito ao império de Kush e funda a XXV dinastia faraônica.

A partir do século III d.C., o império entra em declínio, dando lugar a povos nômades. As causas dessa extinção são mal conhecidas. Mas com certeza ela durou um milênio. Herdeira imponente do Egito faraônico por suas crenças, ritos funerários, insígnias reais... a civilização de Meroé tinha também sua originalidade profunda, uma língua própria e uma escrita. Teria enriquecido também o Panteão de divindades egípcias com novos deuses, como Apademak, o deus-leão.

Origens africanas do Brasil contemporâneo

As pirâmides de Napata e Meroé, cemitérios reais, em direção ao centro da África. Medindo 15 metros de altura, possuem o núcleo constituído por entulhos e pedras, revestimento de tijolos e os cunhais aparelhados em pedra.

A rainha-mãe Candace, do antigo Sudão.

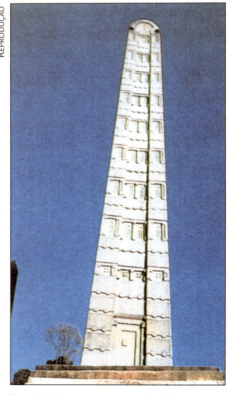

Os obeliscos eram talhados numa única pedra de duro granito e homenageavam reis defuntos por meio de entrega de oferendas.

Civilização axumita

No princípio do século II da nossa era, um texto antigo menciona três grandes impérios no mundo: o Império Romano, o dos Persas e o Império de Axum, sendo Axum o nome da capital desse império (na Etiópia atual) (Maucler e Moniot, 1990).

Num território que vai além dos limites da atual Etiópia, entre 13° e 17° de latitude norte e 30° e 40° de longitude leste, desenvolveu-se uma outra civilização africana: a civilização axumita, ligada ao império de Axum. Embora desenvolvida durante os primeiros séculos da Era Cristã, a civilização axumita tem suas raízes fincadas na pré-história da África. Como todas as civilizações, ela também é produto de um processo evolutivo secundado pelas condições geográficas e circunstâncias históricas. A contribuição local é de grande relevância, por não haver dúvida de que a civilização axumita era, antes de tudo, produto de um povo cuja identidade étnica vem se manifestando progressivamente a partir do estudo de suas inscrições, linguagem e tradições.

O mais antigo alfabeto usado na Etiópia desde o século V a.C. pertence ao tipo sul-arábico. A língua por ele transcrita assemelha-se aos dialetos semitas da Arábia meridional. No entanto, a escrita axumita difere da sul-arábica, apesar de derivar-se dela. O primeiro testemunho da escrita etíope propriamente dita data do século II da Era Cristã e apresenta uma forma consonântica. Os caracteres conservam ainda um aspecto sul-arábico, mas evoluem progressivamente para formas particulares. Variável a princípio, a direção da grafia se fixou, indo da esquerda para a direita.

As primeiras inscrições estão gravadas em placas de xisto; não são numerosas e encerram poucas palavras. A mais antiga foi descoberta em Matara, na Eritreia. Uma inscrição gravada em objeto de metal, datada do século III, menciona o nome do rei Gadara e, pela primeira vez, o nome de Axum aparece num texto etíope. Essa língua revelada pelas inscrições é conhecida como Geês, que pertence ao grupo meridional da família semita. É a língua dos axumitas, na qual foi traduzida a Bíblia, por volta do século V.

Inicialmente apenas um principado, Axum tornou-se com o tempo a primeira província de um reino federal. Seus governantes tiveram a tarefa de unificar o reino pela anexação dos pequenos estados da Etiópia setentrional, sobre os quais impuseram sua hegemonia.

A fundação do reino serviu de base para a edificação de um império. Do fim do século II ao início do século IV, Axum tomou parte nas lutas diplomáticas e militares entre os Estados da Arábia meridional. Os axumitas submeteram as regiões situadas entre o Planalto do Tigre e o Vale do Nilo. No século IV, conquistaram o reino de Meroé, então em decadência.

Origens africanas do Brasil contemporâneo

Desse modo, construiu-se um império que abarcava as ricas terras cultivadas no norte da Etiópia, o Sudão e a Arábia meridional, incluindo todos os povos que ocupavam as regiões situadas ao sul dos limites do Império Romano – entre o Saara, a oeste, e o Deserto de Rub al-Khali, no centro da Arábia, a leste. O Estado se dividia entre Axum propriamente dito e seus "reinos vassalos", cujos monarcas eram sujeitos ao "rei dos reis" de Axum, a quem pagavam tributo.

Etiópia cristã

Tradições antigas, transmitidas ao longo dos séculos, aludem à presença na Etiópia dos fiéis da religião judaica, ligando o rei de Axum a Salomão e Moisés.

Etiópia

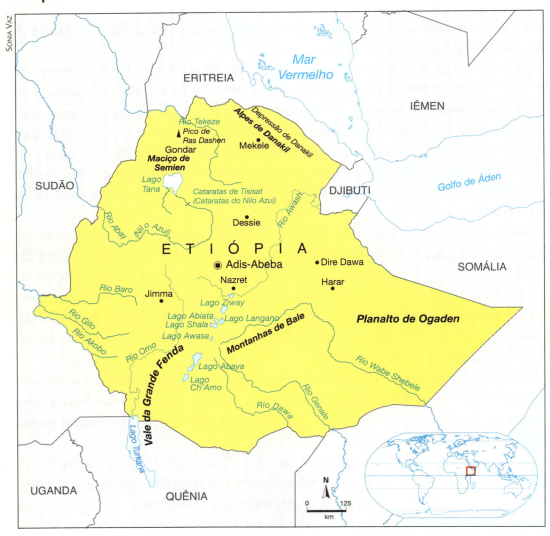

Fonte: Middleton (ed.), 1997, v. II, p. 61.

Os testemunhos são a circuncisão infantil, o respeito do sabá, os cantos sagrados e as danças litúrgicas acompanhadas de tambores, sistros e palavras evocando danças dos judeus e do rei Davi diante da arca da aliança.

A religião fundada por Jesus Cristo na Palestina e propagada por seus adeptos em todos os impérios do Ocidente e Oriente foi introduzida na Etiópia no século IV, vindo da Alexandria por meio do contato com o império bizantino. De fato, uma inscrição em caracteres gregos, descoberta em Filas, menciona a visita feita em 360 por um vice-rei axumita – um cristão de nome Abratoeis – ao imperador romano, que o teria recebido com todas as honras pela sua posição. Trata-se por certo de Constantino II (341 a 368), filho de Constantino, o Grande.

Com a introdução do cristianismo, precedida ou seguida da transferência do poder para outros grupos, os judeus, como em todos os lugares, foram vítimas de preconceitos e violências. Por isso, entrincheiraram-se em regiões de difícil acesso.

Entre os antigos habitantes da Etiópia, os grupos cuxitas não assimilaram a cultura semita da classe dominante. Continuaram a se entregar à adoração dos espíritos da natureza abrigados nas árvores gigantes, rios, lagos, montanhas e animais. O templo de Yeha (ainda de pé), estelas dispersas, sítios de castelos e objetos votivos atestam a prática desses cultos na corte de Axum, antes de sua conversão ao cristianismo.

No século XVI, o reino cristão da Etiópia entra em conflito com Estados vizinhos muçulmanos. A guerra santa devasta o país. A paz, assim como a nova prosperidade, só volta em meados do século seguinte.

A Etiópia é o único país da África subsaariana onde a dominação estrangeira, no sentido de ocupação de um país por uma soberania dessa ordem, durou pouco tempo. Trata-se da ocupação egípcia e italiana feita entre 1935 e 1948. Talvez essa curta ocupação possa explicar a coexistência das religiões tradicionais de caráter familiar com as religiões importadas como o cristianismo, o judaísmo e o Islã.

África medieval e seus Estados políticos

Bem antes do tráfico negreiro transatlântico e da colonização ocidental, a África subsaariana foi o palco de uma grande efervescência política caracterizada pela formação de estados políticos centralizados variados, como impérios, reinos e chefias. Na historiografia colonial ainda persistente no imaginário coletivo contemporâneo, a história desses Estados foi silenciada na formação dos africanos para destruir a consciência histórica dos oprimidos e consequentemente sua identidade coletiva.

Escrever a história desses Estados é uma tarefa complexa que exigiria espaço e muitos volumes de livros. Vamos aqui descrever sucintamente, a título de ilustração, apenas alguns Estados que foram desenvolvidos nas regiões africanas de onde foram trazidos os ancestrais africanos dos brasileiros contemporâneos.

Atividades econômicas do império de Gana.

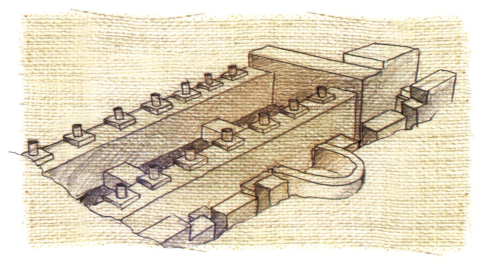

A cidade de Cumbi-Salees era constituída de casas construídas em pedra, com quartos num mesmo enfiamento.

Aspectos históricos

Império de Gana

Conhecido como país do ouro, o império de Gana estendia-se nas regiões do Sahel, entre o Senegal médio e a curvatura do Níger. Um dos autores árabes que o mencionam a partir do século VIII narra que "o ouro crescia como cenouras e era arrancado ao nascer do solo [...] e que o rei prendia seu cavalo a uma enorme pepita na qual havia mandado abrir para isso um buraco".

O soberano vivia na sua capital, Kumbi-Saleh, composta de duas cidades: uma muçulmana, com 12 mesquitas, onde viviam os mercadores, letrados e juristas; outra onde se encontravam o palácio e suas dependências, assim como os túmulos dos príncipes e bosque sagrado ligados aos cultos religiosos tradicionais.

Para governar, o rei era assistido pelos altos dignitários com os quais se reunia a cada manhã para escutar queixas de seus súditos e logo exercer a justiça. Graças às suas riquezas, o rei possuía um exército numeroso, composto de infantaria, arqueiros e cavalaria. Exageradamente, o escritor árabe El-Bekri estimou esse exército em 200 mil guerreiros. Já no século IX, Gana mantinha um comércio transaariano com

Império de Gana e do atual país de Gana

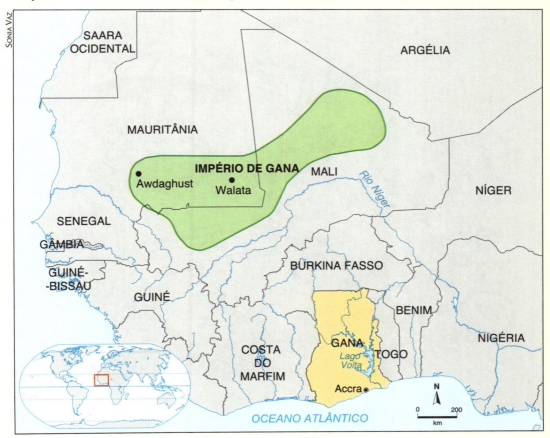

Fonte: Middleton (ed.), 1997, v. II e IV.

os mercadores árabes, berberes e sudaneses que vinham buscar ouro e em troca ofereciam tecidos, sal e outros produtos do Magreb.

Por volta de 1077, os almorávidas, uma dinastia berbere das costas atlânticas da África, conquistam Kumbi-Saleh, capital de Gana, deixando o reino sobreviver apenas como tributário, despido de seu esplendor e com os territórios reduzidos. Após a dissolução do reino de Gana, as antigas províncias se transformaram em pequenos Estados dirigidos por pequenos reis, antigos governadores. A expansão almorávida foi paralelamente acompanhada da conversão de muitos reis ganenses, movidos pela estratégia político-econômica de se integrarem no espaço mercantil islâmico.

IMPÉRIO DE MALI

O império de Mali, segundo do Sudão ocidental depois de Gana, formou-se a partir de uma província mandinga ao norte de Fouta Djalon. Sua capital, Niani, situava-se na fronteira entre o atual Mali e Guiné.

As histórias do império de Mali, na epopeia mandinga, estão ligadas a Sundiata, uma criança enferma que escapou com vida quando seu pai, o soberano do

O imperador de Mali em audiência pública.

pequeno reino de Mali, foi massacrado com seus filhos pelo rei do Sosso do então império de Gana. Segundo a epopeia, a criança Sundiata foi curada por milagre, depois de ter tocado no bastão do cetro real. Recuperada a força de suas pernas, ele foi vingar sua família dos Keita, atacando e vencendo, em 1235, o reino de Sumanguro, de Gana, assassino de seu pai e seus irmãos. Além de pilhar a capital, Kumbi-Saleh, entre conquistas e anexações, ele fundou um vasto império do qual se tornou o rei Mansa e passou a reinar depois no palácio de Niani, sua nova capital.

Durante dois séculos, Mali foi o mais rico Estado da África ocidental. Possuía minas de ouro e tinha controle das vias transaarianas em direção ao Magreb, à Líbia e ao Egito. A glória dos Mansa manifestava-se por vezes de uma forma espetacular. Entre 1324 e 1325, Mansa-Mussa fez peregrinação a Meca com um fausto incomparável. De passagem, visitou o sultão do Cairo precedido de milhares de súditos, vestindo roupagens engalanadas, e distribuiu ouro em tais quantidades que o valor do precioso metal despencou durante os 12 anos que se seguiram.

Seu declínio, na primeira metade do século XV, deve-se aos conflitos dinásticos e à emergência, a leste e a oeste, de rivais ambiciosos.

Império de Mali e o atual país de Mali

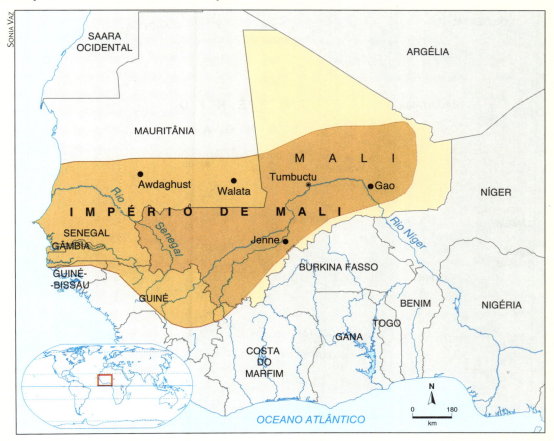

Fonte: Middleton (ed.), 1997, v. III e IV.

Origens africanas do Brasil contemporâneo

Como o mostra a ilustração da página anterior, o imperador de Mali tinha audiências públicas, quer no seu palácio, numa sala sob uma cúpula ou numa praça próxima. Eram espetáculos solenes e grandiosos, repletos de soldados, oficiais e músicos. Encontravam-se ali dois cavalos selados e dois carneiros para afastar o mau-olhado. Mas o fausto da encenação e das indumentárias não deve fazer esquecer a humildade daqueles que eram chamados para essas audiências (Maucler e Moniot, 1990, p. 22-23).

Império de Songai

Em 1325, Mansa-Mussa, imperador do Mali, conquistou o pequeno reino de Kukia, situado no topo da curva do Rio Níger, o mais longo da África ocidental. Esse reino, fundado no século VIII, tinha como capital Gao, fixada na encruzilhada das grandes rotas de caravana do Saara.

Continente africano com a localização de Songai

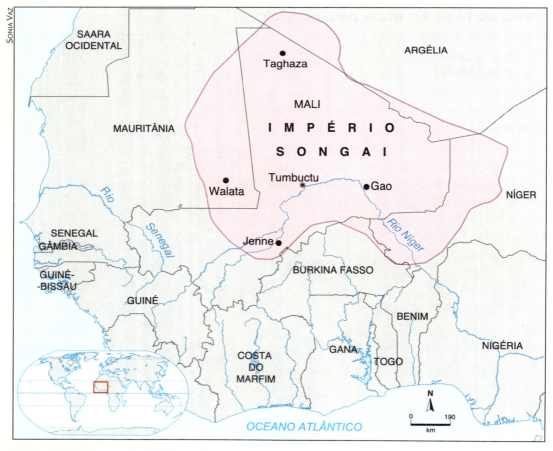

Fonte: Middleton (ed.), 1997, v. IV.

Aspectos históricos

Sob o comando do rei Sonni Ali, que reinou entre 1464-1494, o rei de Kukia reconquistou sua independência. Não apenas se libertou da tutela do império do Mali tomando sua capital, Niami, onde realizou saques e pilhagens, mas submeteu todo o vale do Níger e suas grandes cidades, como Tombuctu, Mopti e Djemé. Assim nasceu o império de Songai, nome do grupo étnico ao qual pertencia o imperador. Embora convertido ao Islã, religião na qual se apoiava para governar, o rei Sonni nunca deixou de cuidar da religião tradicional que era vital para a coesão dos Songai.

Na curva do Níger, o império Songai, um Estado rico na encruzilhada de todas as trocas comerciais, onde se utilizavam pirogas escavadas num tronco ou bem-acabadas e grandes canoas.

À sua morte, a luta entre os pretendentes ao trono foi vencida por seu sobrinho Maomet Turé, que fundou a dinastia dos Askia. Em seu reinado (1492-1528) o Islã tornou-se todo-poderoso. Após uma peregrinação a Meca, onde recebeu o título de califa do Sudão, ele reorganiza seu império dando um lugar preponderante aos caídes (juízes) e ulemás (doutores da lei). Uma burocracia de letrados, um exército permanente e uma administração firme asseguraram a coesão desse vasto território que ia do Atlântico ao maciço do Air e subia até o Saara.

A partir do século XVI, porém, o império Songai entra em choque no Saara com os interesses marroquinos e turcos. E é de Marrocos que virá o fim, quando, em abril de 1591, uma coluna de guerreiros partiu de Marrakesh, esmagando em Toudibio o exército dos Askia. Depois dessa derrota, o império desvaneceu-se.

Origens africanas do Brasil contemporâneo

Império de Kanem-Bornu

Segundo a lenda, o império de Kanem-Bornu foi fundado a partir de uma dinastia estrangeira oriunda de Tibesti, país dos Tubu, situado nas montanhas ao norte do atual Chade. Ele ocupava o norte do Chade, estendendo-se até o Sudão central. Submeteu os Estados Haussa ao Quaddai, do Sahel Saariano ao Fezzan. Comparativamente aos impérios do Sudão ocidental, isto é, os impérios de Gana, Mali e Songai, que não existiram simultaneamente, pois sucediam-se um após o desaparecimento do outro, o império de Kanem-Bornu sobreviveu mil anos às vicissitudes de sua história. Os imperadores de Kanem-Bornu se converteram ao Islã para facilitar seu relacionamento com os países do Magreb e para evitar a dependência dos seus vizinhos Tubu do Norte, com os quais tinham relacionamento difícil.

Império de Kanem-Bornu e do atual Chade

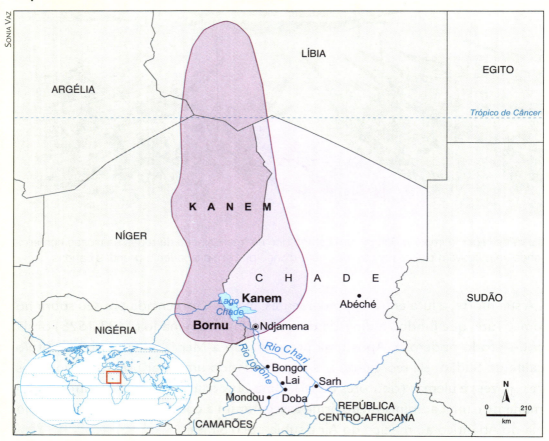

Fonte: Middleton (ed.), 1997, v. I e IV.

Graças à sua posição estratégica na encruzilhada das pistas que vinham da atual Tunísia e do Egito em direção à África negra profunda, Kanem-Bornu pôde participar do lucrativo tráfico negreiro em direção a Magreb. Entre seus soberanos, observam-se notadamente o rei Doumana, que se atribuiu o título imperial de Mai e estendeu o território do império em direção ao norte do atual Chade, e o rei guerreiro Idris Alaoma. Este ia com frequência ao Oriente e à Turquia em busca de instrutores militares. Aumentou seu exército com soldados equipados com mosquetes e cavaleiros. Aperfeiçoou a técnica das paliçadas defensivas e construiu muitas mesquitas.

O rei de Kanem-Bornu, o país do rei escondido, que não se mostrava em público senão por ocasião de grandes festividades.

Em 1893, um aventureiro vindo do Nilo, Rasbah, quebra a resistência do Bornu, mas enquanto estava se preparando para tomar conta do país surgiram os colonizadores europeus para mudar o rumo da história. A fronteira oriental desse vasto império de Kanem-Bornu foi certamente um dos lugares de passagem dos nômades em busca das terras para pastagem ou de possibilidades de comércio. Vindos do Sudão ou da Arábia, eles se mesclaram com as populações locais, dando origem a esses povos compostos, cuja história desconhecemos (Maucler e Moniot, 1990, p. 26-27).

As cidades ioruba: Ifé e Benim

A civilização ioruba desenvolveu-se a partir do século XI, no sudoeste da atual Nigéria. Era uma civilização caracterizada por dezenas de cidades, das quais muitas ultrapassavam os 20 mil habitantes. Constituíam grandes centros de artesanato com oleiros, tecelões, marceneiros, ferreiros etc. Paralelamente às atividades artísticas, artesanais e comerciais, praticavam-se atividades agrícolas baseadas no plantio do inhame, da palmeira e de outros produtos alimentares.

Segundo o mito de origem, o povo ioruba é descendente do rei Oduduwa, que desceu dos céus sobre o mar, tendo nas mãos uma cabaça cheia de areia e uma galinha. Despejou então a areia sobre o mar, posando nela a galinha. Esta esgaravatou e espalhou a areia, dando origem à terra do povo ioruba, de quem se tornou o primeiro soberano.

Do ponto de vista político, os reinos ioruba não tinham uma unidade política, pois se organizavam em reinos politicamente independentes apesar de possuírem unidade cultural, linguística, religiosa, histórica e territorial. O que, segundo vários autores, teria facilitado o declínio dessa civilização a partir do século XV. Porém o reino de Oio, nos séculos XVII e XVIII, tornou-se o mais poderoso dos reinos ioruba, graças a uma organização militar apoiada numa unidade de arqueiros apeados e numa importante força de cavalaria armada com lanças e espadas. Esse reino findou-se no princípio do século XIX, sob o jugo dos peules muçulmanos.

Apesar da implantação do Islã e do cristianismo no país ioruba, as duas religiões importadas não conseguiram suplantar a antiga religião e seu panteão rico em divindades (Maestri, 1988, p. 54-57).

Cidade de Ifé

A cidade sagrada de Ifé é considerada o berço e o centro da civilização ioruba. Era governada por um rei religioso com o título de Oni. As outras cidades nascidas dos filhos de Oduduwa tinham por chefe o Oba, personagem sagrada que usava uma coifa real formada por uma calota de tecido, da qual pendiam fiadas de pérolas, tão juntas que não lhe deixavam ver o rosto.

Grande centro artístico, Ifé dominava a metalurgia de bronze, fundamentada na técnica de cera perdida. Entre as obras descobertas com base em uma pesquisa arqueológica realizada em 1939, figuram cabeças, bustos e estátuas dos reis e altos dignitários, datadas entre os séculos XI e XV.

Aspectos históricos

Bastão de chamamento do deus Ifá, artisticamente adornado. Cabeça fundida em latão por ordem de Oba, destinada a conservar a memória de um de seus predecessores.

CIDADE DE BENIM

Como todas as cidades iorubas, o reino de Benim foi ligado à cidade sagrada de Ifé como descendente de Oduduwa. Seu soberano mais célebre foi Oba Ewaré, o Grande, entronizado em 1440. Ele mandou construir estradas e embelezou sua capital, suscitando a admiração dos viajantes durante séculos. Uma vez por ano, esse rei organizava uma cerimônia durante a qual ele aparecia perante seu povo.

Segundo O. Dapper, geógrafo holandês que presenciou essa cerimônia em 1668, "o rei aparece a cavalo coberto com suas insígnias reais, acompanhado por um séquito de quatrocentos nobres e uma banda de música. Trazem leopardos encadeados e certo número de anões e surdos-mudos que servem de bobos para distrair o rei [...]".

Origens africanas do Brasil contemporâneo

Nigéria com situação geográfica dos iorubas e das cidades de Ifé, Benim e Oio

FONTES: Middleton (ed.), 1997, v. III; Duby, 1996.

A capital do reino era dividida em quarteirões especializados em atividades produtivas: fabricação de tambores; fundição de bronze; curtumes, esculturas em madeira. A renda do rei provinha de tributos cobrados sobre bens alimentares e produtos artesanais. O rei dispunha também do trabalho dos cativos, geralmente estranhos, e do monopólio das exportações.

Na direção do Estado, o rei contava com a assistência dos dignitários e de outros homens livres que davam prova de competência e honestidade. Eles recebiam títulos e funções que, somados, formavam uma complexa estrutura social hierarquizada. A partir do século XV, Benim estabeleceu relações mercantis com Portugal e outros países europeus com base no tráfico negreiro e no comércio de manilhas de ouro.

No fim do século XIX, os ingleses tentaram impor seu protetorado sobre o reino de Benim, mas encontraram forte oposição do rei, que resultou no assassinato do cônsul inglês. Uma expedição punitiva enviada pelo rei da Inglaterra em 1897 tomou a capital, que foi totalmente pilhada. Os soldados ingleses apoderaram-se de milhares de obras-primas da arte de Benim, que hoje podem ser vistas nos grandes museus e nas galerias de arte europeias (Maucler e Moniot, 1990, p. 34-35).

Estatueta de Oni de Ifé datada do século XVI ou princípios do XV, com insígnias reais e bastão de chamamento do deus Ifá, artisticamente adornado.

Pantera do Oba, que era colocada nos altares dos antepassados.

REINO DE ABOMÉ

Situado na atual República de Benim (antigo Daomé), o reino de Abomé foi fundado no início do século XVII por Don Aklim. Até o fim do século XVII, era apenas um pequeno Estado que controlava somente uma centena de quilômetros quadrados em torno de Abomé, capital do reino. Mas, a partir do início do século XVIII, os diversos sucessores do trono ampliaram as conquistas. Obtiveram acesso direto ao mar, apropriando-se do importante centro do tráfico negreiro de Ouidah, em 1747, o que deu a Abomé as condições para se tornar um dos principais centros negreiros da costa ocidental africana.

O rei de Abomé possuía um poderoso exército armado de fuzis, no qual destacavam-se as famosas amazonas negras. Expandir as fronteiras do reino e organizar expedições de captura para o tráfico constituíam papéis principais do exército. A maior resistência vinha do vizinho reino ioruba de Oio (na atual Nigéria), que lançava campanhas militares anuais contra os senhores de Ouidah (1726-1747). Logo que declinou o poderio ioruba e quando Abomé livrou-se da soberania de Oio, ele passou a capturar as populações ioruba desprotegidas (Maestri, 1988).

Origens africanas do Brasil contemporâneo

República de Benim, o reino de Abomé e o litoral Ouidah

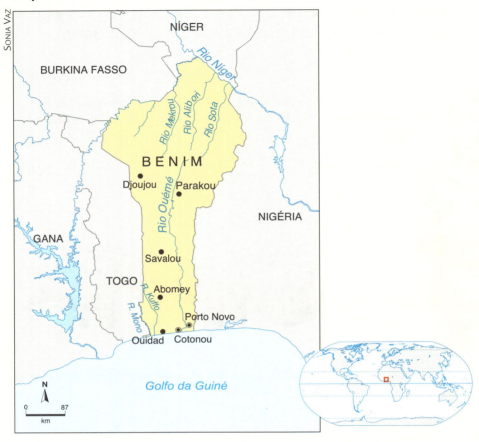

FONTE: Middleton, 1997, v. I; Duby, 1996.

No século XIX, quando os países europeus impuseram o fim do tráfico negreiro, os soberanos de Abomé tiveram de modificar sua política. Por causa da grande procura de óleo de palma, eles organizaram sua produção graças à mão de obra cativa.

Trono do rei Ghezo (1818-1858) e palácio de Ghezo e Glelé, que guarda a memória do poder que foi Abomé.

Aspectos históricos

Em 1894, os franceses depõem o último rei de Abomé, Behanzim, exilado em Martinica e depois em Argel, onde morreu em 1906.

Reino Achanti

O reino Achanti, que se situaria na atual República de Gana, nasceu e se desenvolveu na região que orla o Golfo da Guiné, chamado de Costa do Ouro pelos europeus. Foi o primeiro ponto do dito golfo descoberto pelos portugueses. Ali se estabeleceram para iniciar o tráfico negreiro que levou à escravização de milhares de homens e mulheres africanos. Nesse ponto, os portugueses fundaram, em 1481, o famoso Forte de São Jorge de Minas. Na pegada dos portugueses, mercadores franceses, holandeses, suecos, dinamarqueses, ingleses e alemães frequentaram também a costa que, em pouco tempo, ficou assinalada por 35 fortes de várias nacionalidades ocidentais.

República de Gana com o reino Achanti

Fonte: Middleton (ed.), 1997, v. II, IV; Duby, 1996.

O território achanti ocupava uma posição estratégica na encruzilhada das rotas que conduziam ao norte em direção aos Estados muçulmanos e ao sul, em direção ao litoral atlântico. Um importante fluxo de produtos de um grande valor mercantil – ouro, nozes de cola, escravizados etc. – alimentava o comércio a longa distância e assegurava a prosperidade econômica da região. Esse contexto favorável e a necessidade

Origens africanas do Brasil contemporâneo

de se unir para enfrentar as ameaças dos povos vizinhos invejosos determinaram a emergência das primeiras chefiarias e principados akan, bem antes do século XV.

Porém outras hegemonias mais potentes se afirmaram ao norte, principalmente entre os Den Kyira, que compravam armas dos europeus, graças às quais capturavam e escravizavam os vizinhos akans, a quem impuseram a tutela e o pagamento de tributo.

Para quebrar esse estado de dominação, os Achanti se reuniram em 1700 e constituíram uma confederação de Estados autônomos. A idealização e a concretização vieram da iniciativa do príncipe Osei Tutu. Conta a tradição que "sete reis se uniram em Kumasi (capital do reino), graças à iniciativa do mágico Okomfo Enokye, que deu a beber a todos uma poção mágica. E todos viram então o céu tempestuoso, riscado por relâmpagos, de onde saiu uma nuvem branca, e dela surgiu um tamborete de ouro que veio pousar delicadamente sobre os joelhos de Osei Tutu, tornando-o assim, por proteção divina, chefe de todos os Achanti" (Maucler e Moniot, 1990, p. 40). Embora esse episódio seja lendário, a verdade é que o rei achanti conserva até hoje uma cadeira de ouro que é um objeto venerado por todos, símbolo do reino e do poder real.

Para os Achanti, a autoridade de cargos públicos era simbolizada por cadeiras (tronos) e no palácio de Kumasi existia um quarto dos tesouros reais.

Aspectos históricos

No processo de desenvolvimento do Estado achanti, o fator militar foi determinante: o reino formou-se e manteve-se, de fato, pela conquista. Os soberanos empreenderam grandes esforços para tornar o exército e o aparelho militar mais aperfeiçoados e modernos. O rei Osei Tutu começou por operar uma profunda militarização das estruturas sociais antigas. Implantou um exército regular que compreendia um corpo de informantes, uma vanguarda, um centro, uma ala direita, uma ala esquerda e uma guarda pretoriana.

A preocupação constante dos soberanos era mobilizar cada vez mais o maior número de soldados. Em missão na capital Kumasi, em 1871, Edward Bowdich relata que um quinto da população total era mobilizada e que, nos meados do século XIX, os serviços britânicos de informação avaliavam em 80 mil homens o número de soldados em atividades no conjunto do reino achanti.

Entre as importantes reformas realizadas pelos soberanos achanti, figura a reorganização da administração central e do sistema financeiro. Do fim do século XVII ao XIX, o reino evoluiu passando de uma estrutura confederativa, até então frouxa, para uma estrutura de Estado fortemente organizado e centralizado, cuja estrutura formal, na segunda metade do século XIX, assim se apresenta:

> No topo do reino se encontra o rei, cujo poder não é autocrata e que devia obter, em qualquer questão importante, o consentimento do Alto Conselho. Este era composto por notáveis de Kumasi e de dignitários representantes das províncias. O Conselho se reunia, ordinariamente, uma vez por ano. Em casos de necessidade, seria convocado em sessões extraordinárias (M'bokolo, 1992, p. 16-24).

Alguns Estados da África central e austral

REINO DO CONGO

O reino do Congo remonta ao fim do século XIV e ocupou um território que se estendia do Rio Kwilu-Nyari (ao norte do Porto de Loango) até o Rio Loje (ao norte de Angola), do Atlântico ao Rio Kwango, cobrindo o Baixo Congo (na atual República Democrática do Congo), o enclave de Cabinda, uma parte de Angola e do Congo-Brazaville. Isso significa que, quando o descobridor português Diogo Cão lançou a âncora no Rio Congo, em 1482, o Reino do Congo, uma das civilizações mais prestigiosas da África central, já tinha quase um século de existência.

O rei Manicongo morava na capital Mbanza Congo, rebatizada pelos portugueses com o nome de São Salvador, hoje situada na atual Angola, perto da margem do Rio Congo.

A estrutura política do Congo no século XVI segue o exemplo das estruturas políticas dos reinos costeiros africanos, cuja característica principal é o Estado com

Origens africanas do Brasil contemporâneo

poder centralizado. O grau de aperfeiçoamento desse reino levou alguns autores ocidentais a pensar que foi criado pelos portugueses no início do século XVI, hipótese que não resiste às provas históricas.

Angola, República Democrática do Congo e República do Congo

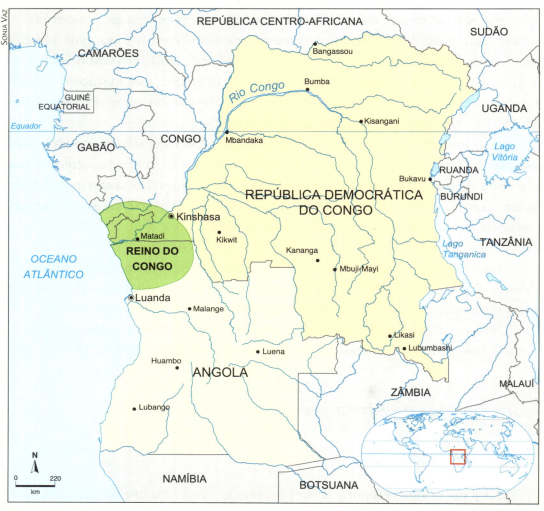

FONTES: Middleton (ed.), 1997, v. IV; Barracloughi (ed.), 1995.

A unidade de base da estrutura política do Congo era a aldeia, cujo núcleo era formado pelos membros da linhagem maternal localizados. Vinham no plano superior os distritos, dirigidos pelos funcionários nomeados pelo rei ou por um governador de província. Nomeados pelo rei, os governadores das províncias podiam ser transferidos por ele para outras províncias, de acordo com sua vontade. Além das funções administrativas e judiciárias atribuídas também aos chefes dos distritos, os governadores cumpriam a função de conselheiros do monarca.

A estrutura militar do Congo era simples. O rei dispunha de uma guarda do corpo permanente, composto principalmente de soldados estrangeiros, como os Teke

Aspectos históricos

e os Hum, que, imagina-se, eram pessoas capturadas. Não havia exército permanente, pois, em caso de guerra, cada funcionário territorial apelava aos chefes de suas aldeias que, por sua vez, mobilizavam todos os homens válidos nas zonas de concentração onde era formado o exército. Nessas condições, não era possível manter uma guerra prolongada, por falta de intendência, tática e estratégia militares.

As receitas do governo provinham dos impostos e do trabalho forçado. O tributo era pago em tecidos de ráfia, em marfim e em seres humanos capturados. Uma parte das receitas vinha também das taxas de alfândega, de multas judiciárias e da pesca real das conchas marinhas, nzimbu, na Ilha de Luanda. Essa concha marinha servia de moeda e de estalão de valor. O rei tinha monopólio sobre a produção e a circulação de moeda, um caso único nos reinos africanos.

Comparativamente às outras estruturas políticas africanas, a estrutura do Congo singulariza-se por uma característica muito importante: o grau elevado de centralização combinada com a liberdade que o soberano tinha para substituir os funcionários ineficazes.

Quando, em 1482, Diogo Cão e seus homens descobriram o reino do Congo, estava no trono o Manicongo Nzinga Kuvu. Depois de estabelecer contatos com dom Manuel I, rei de Portugal por volta de 1487, o Manicongo mandou seu embaixador àquele país, a fim de solicitar técnicos, missionários, carpinteiros e pedreiros.

O embaixador viajou acompanhado de alguns jovens da corte do Manicongo, cuja educação o rei quis confiar às escolas portuguesas. Ao voltar de Lisboa, em 1491, o embaixador trouxe missionários, artesãos e exploradores que construíram a primeira igreja onde foram batizados o próprio Manicongo Nzinga Kuvu, sob o nome de João I, seus familiares e a maioria dos membros da nobreza.

Entre os familiares do rei, destaca-se seu filho Affonso I, que ocupou o trono em 1506, após a morte do pai. Logo empossado, Affonso I, católico convencido, empreendeu a obra de converter a nação inteira. Escreveu ao rei Manuel de Portugal e pediu mais técnicos e missionários. Essa situação levou o rei Manuel a codificar um programa de cristianização e aculturação do Congo, num documento único de sua época chamado "Regimento", que seu embaixador levou ao rei do Congo em 1512.

Esse documento começava por afirmar que os reis católicos são irmãos e, consequentemente, Manuel ajudaria Affonso na sua obra de implantação da verdadeira fé em todo o reino. Figurava, entre outras disposições do documento, a presença do representante do rei de Portugal ao rei do Congo, acumulando as funções de embaixador, conselheiro militar, juiz e conselheiro geral para a reforma da corte do Congo. O rei e a nobreza do Congo deviam receber os títulos europeus, usar os emblemas europeus e seguir as regras da etiqueta portuguesa. O rei do Congo receberia também a autorização para expulsar do reino qualquer cidadão português que não levasse uma vida exemplar.

Origens africanas do Brasil contemporâneo

No entanto, o rei Manuel, que não era um idealista, deu-se conta do alto custo que tal programa exigia e solicitou que ficasse a cargo do próprio reino do Congo. Assim, pediu que seu embaixador dissesse ao rei do Congo para efetuar os pagamentos em moeda humana, em cobre ou marfim, a fim de compensar as despesas ocasionadas pelas missões e pela educação em Portugal do filho do rei e de outros filhos da nobreza do Congo.

Representação livre da capital Mbaza Congo, inspirada numa ilustração da *Description de l'Afrique*, publicada em 1686 por Dapper. Os congoleses forjavam o cobre e faziam anéis, braceletes e crucifixos. Estes últimos serviam de símbolo das funções de arbítrio e justiça do poder. O trabalho em ferro era importante no Congo, e os próprios reis e a nobreza em geral tinham orgulho em forjar ferramentas.

O plano de aculturação malogrou por conter muitos equívocos, pois a ajuda portuguesa estava condicionada à exploração econômica do Congo. O rei de Portugal reconheceu o rei do Congo como igual, tomou as providências para que Roma o reconhecesse também como tal e apressou Affonso para que enviasse seu filho para fazer o ato de submissão ao papa em nome do reino. De outro modo, ele quis limitar a autoridade do rei em diversos planos. Desejou ter todos os monopólios comerciais e instituir jurisdições especiais para os portugueses que viviam no Congo. No plano religioso, tencionou se atribuir todos os direitos sobre a conversão dos povos da África, direitos estes adquiridos pelo Tratado de Tordesilhas.

Os fatores externos causados pela penetração portuguesa, à luta entre holandeses e portugueses na qual se viu envolvido o Congo, às intrigas entre facções internas e às contradições no seio da própria sociedade do Congo desembocaram na dissolução do reino.

ESTADO ZULU

O Estado Zulu localizava-se na região sudeste da África, entre as montanhas de Drakensberg e o Oceano Índico, cobrindo cerca de 200 mil quilômetros quadrados. Foi fundado por Chaca, do grupo nguni, que, no fim do século XVIII, tinha uma organização política bem elaborada. Nascido entre 1783 e 1786, Chaca tomou o poder depois da morte do pai, em 1816, após ter vencido o conflito dinástico entre os possíveis herdeiros.

Logo instalado no trono, começou a operar grandes transformações na sociedade nguni. Sua primeira ação visou o armamento, pois ele entendia que as armas deveriam se adaptar às novas táticas de guerra que passaram de escaramuças aos enfrentamentos, em grande escala. Assim, substituiu as armas antigas (lanças com cabo comprido) pelas novas (zagaia), que obrigavam os inimigos a fazer combates corpo a corpo.

Ele fez construir, em todo o país, arsenais onde eram depositadas as armas fabricadas por ferreiros exclusivamente colocados a serviço do exército. Para melhorar o desempenho de seus soldados, ele proibiu o uso de sandálias que, segundo pensava, tornava lento o deslocamento das tropas. Proibiu também o consumo de leite, suspeito de tornar seus soldados pesados, e recomendou o consumo de carne-seca. Uma das reformas mais significativas do seu reinado foi a instituição de um exército permanente.

De modo contrário à sociedade tradicional nguni de seu pai, onde a atividade de guerra era circunstancial, Chaca mobilizou permanentemente uma parte da população, especializando-a no ofício de armas. Reestruturou os regimentos herdados do pai constituídos de veteranos e os treinou para novas formas de guerra total e de

Origens africanas do Brasil contemporâneo

longa duração. Mas visou essencialmente a juventude: os jovens eram alistados aos 16 anos de idade e recebiam uma rude formação militar durante dois ou três anos nos Kraal (casernas).

As mulheres tinham uma posição de destaque na concepção militar de Chaca. A história da África registra exemplos de mulheres soldados que carregavam armas e participavam diretamente dos combates. Um caso célebre é o das amazonas no reino de Abomé. Mas, no reino Zulu de Chaca, as mulheres serviam essencialmente na logística e intendência como sustentáculos da sua concepção militar.

África austral com a área ocupada pelo Estado Zulu

FONTES: Middleton (ed.), 1997, v. IV; South Africa: time running out, 1981; Duby, 1996.

Um dos fundamentos da supremacia zulu estava em sua tática e estratégia militares. Ele introduziu métodos de guerra mais lógicos e sistemáticos. No plano tático, adotou uma formação de ataque em arco, num círculo, como a "cabeça do búfalo": as tropas eram divididas em quatro corpos, isto é, em duas alas que constituíam os chifres do búfalo e dois corpos centrais colocados um atrás do outro, como o crânio do animal.

> Compostas por soldados jovens, essas alas empurram o inimigo para o centro e encurralam-no num combate corpo a corpo. Aí os soldados ainda frescos do primeiro corpo, soldados experimentados, esmagam o adversário. Se ele oferece grande resistência, intervêm os soldados do segundo corpo e liquidam o adversário (Maucler & Moniot, 1990, p. 56).

Aspectos históricos

Em matéria de estratégia, Chaca distanciou-se da prática da guerra limitada e optou por uma guerra "total", marcada por uma tática de "terra queimada", cujo objetivo era criar um vazio completo em torno do inimigo.

No reino Zulu observa-se uma imbricação entre a guerra, o poder e as práticas mágico-religiosas. Uma das preocupações de Chaca consistia na mobilização de todos os adivinhos, feiticeiros e outros oráculos, com a finalidade de determinar os momentos propícios à guerra, proteger seus soldados e, sobretudo, reforçar sua autoridade política e constituir-se numa legitimidade sobrenatural.

Os testemunhos da época não são unânimes sobre a importância numérica do exército de Chaca. O explorador britânico Nathaniel Isaacs constatou 17 regimentos equipados com escudos pretos e 12 regimentos equipados com escudos brancos. Estimou em mil o número de soldados por regimento, o que dava um total de 29 mil soldados.

Os soldados eram a preocupação essencial de Chaca: as armas do tipo lanças perderam eficácia perante a zagaia zulu.

Técnica de guerra inventada por Chaca, em que é representada a estratégia de ataque na forma de "cabeça de búfalo": duas alas em arco de círculo (1) e dois corpos ao centro, um atrás do outro (2 e 3). Ao centro, o redil de gado de uma aldeia zulu.

Origens africanas do Brasil contemporâneo

Henry Francis Fynn descreveu uma cifra de 50 mil homens. Outros autores afirmaram que, no seu apogeu, o exército de Chaca teria atingido 100 mil homens. De qualquer modo, esses números, apesar da falta de consenso, testemunham a importância desse exército, que, na época, representava uma máquina de guerra implacável.

O reino Zulu representa um caso clássico da influência da guerra no desenvolvimento político: aqui, como por toda parte na África negra pré-colonial, as realidades militares tiveram peso na sociedade global. Elas inspiraram as instituições e todas as modalidades de gestão de um Estado que, na sua essência e no seu funcionamento, aparece eminentemente militar. A lógica militar foi tão impregnante, tão implacável, que presidia até a rotina da vida social. Ela forneceu para a África austral as normas necessárias e duráveis para se opor aos avanços da fronteira bôer e britânica. O idealizador e edificador desse sistema foi certamente Chaca, apelidado por alguns historiadores de "Napoleão Negro".

Império de Monomotapa

O reino de Monomotapa estendeu-se entre os Rios Zambeze e Limpopo, num território hoje dividido entre Moçambique, África do Sul, Zimbábue e Malauí. A história desse reino teria começado provavelmente no século XI, com a chegada, no atual Zimbábue, dos Xonas e dos comerciantes islamizados. Estes teriam apoiado o conquistador Ruozi numa guerra que resultou na formação de um grande império e uma única organização política, compreendendo os vastos territórios ladeados pelo Oceano Índico, pelos Rios Zambeze e Limpopo e pelo Deserto de Kalahari. Esse conquistador tomou o título de "Muene Mutapa" ou "Monomotapa", que literalmente significa "Senhor das Terras Arrasadas".

Zimbábue e Namíbia com a área ocupada pelo império Monomotapa

Fontes: Middleton (ed.), 1997, v. IV; Duby, 1996.

Aspectos históricos

Ilustração das ruínas do Grande Zimbábue, que englobam três conjuntos: os vestígios do vale, a "Acrópole", a "Grande Muralha", e um dos pássaros em esteatite que guardavam as entradas, as plataformas e as muralhas do Grande Zimbábue.

É numa das regiões desse império que se ergueram dezenas de muros monumentais, construídos em pedras: os Zimbábue, entre os quais o Grande Zimbábue, considerado a mais grandiosa ruína da África. As primeiras construções datam do fim do século XII. Seus construtores foram os povos xonas, que tinham adquirido mestria na criação dos animais havia vários séculos e possuíam grandes manadas de gado bovino.

Criadores hábeis e também comerciantes, os habitantes do império desenvolveram em grande escala as trocas com locais muito distantes. Mandavam vir tecidos do Zambeze, cobre das regiões mais ao norte e também do ultramar pelo Porto de Sofala, além de têxteis, pérolas e porcelanas da China. Em troca, exportavam marfim e, sobretudo, ouro. Com a ofensiva colonial que aniquilou o império de Monomotapa no século XIX, seus antigos territórios voltaram a ser divididos em diversos reinos.

CAPÍTULO 4

Tráfico humano e escravidão na África

O tráfico negreiro é considerado por sua amplitude e duração uma das maiores tragédias da história da humanidade. Durante séculos, milhões de homens e mulheres foram arrancados da África subsaariana (abaixo da linha do Deserto do Saara) – de suas raízes – e deportados para três continentes: Ásia, Europa e América, por meio de três rotas: a rota oriental (pelo Oceano Índico e Mar Vermelho), a rota transaariana (pelo Deserto do Saara) e a rota transatlântica (pelo Oceano Atlântico). Os árabes foram responsáveis pelas rotas oriental e transaariana, no período compreendido entre 650 e 1900 e que teria envolvido cerca de cinco milhões de africanos. Por essas duas rotas, os africanos foram levados para o Oriente Médio (Arábia Saudita, Emirados Árabes, Iêmen, Iraque e Irã), Índia, China, Sri Lanka etc. Os europeus foram os maiores responsáveis pelo tráfico transatlântico, pelo qual cerca de 40 a 100 milhões de africanos foram deportados para a Europa e a América.

Em termos de direito, o escravo é visto como objeto de propriedade, logo, alienável e submisso a seu proprietário. Definição que alguns consideram uma ficção contraditória e insustentável quando se examina a prática e todas as perspectivas de exploração do escravo na história da humanidade. O próprio conceito de escravo não encontra consenso entre historiadores, economistas, sociólogos e antropólogos, além de ser um assunto carregado de emoção e afetividade. Os africanos se envergonham de sentir-se corresponsáveis pelo tráfico de seus próprios povos, por terem, por intermédio de alguns de seus dirigentes tradicionais, participado do tráfico. Os europeus querem se libertar do complexo de culpa ao transferir a responsabilidade aos reis e príncipes africanos envolvidos no comércio e no tráfico negreiro. Toda essa dinâmica dificulta o tratamento objetivo de um assunto da maior importância na história da humanidade. Todos deveriam se sentir envolvidos na criação das condições de um novo humanismo. As reivindicações de reparação e indenização feitas pelas representações dos países africanos na

Tráfico humano e escravidão na África

3ª Conferência Mundial contra o Racismo, Discriminação Racial, Xenofobia e Intolerância correlata, organizada pela ONU em Durban, na África do Sul, entre agosto e setembro de 2001, não foram acolhidas pelos países ocidentais envolvidos no tráfico e na escravidão. A conferência também foi ofuscada pelos atentados ao World Trade Center, em 11 de setembro daquele ano. Justificativas de ordens jurídicas, socioeconômicas e políticas se misturaram para impedir o aprofundamento adequado de uma demanda social e humana tão importante.

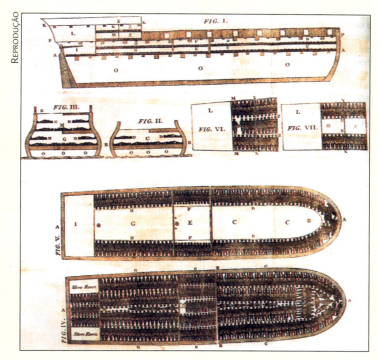

Ilustrações de um navio negreiro que mostram seus compartimentos e a forma como os escravos negros eram transportados. O navio negreiro Brookes foi construído exclusivamente para o tráfico de escravos. Era capaz de transportar 450 capturados, mas levava frequentemente 600. Essas ilustrações foram publicadas pelo Comitê para a Abolição da Escravidão da Sociedade da Moral Cristã, na França, em 1822. Essa publicação serviu de referência para diversas outras, que trataram de difundir, por todo o mundo, as formas dos navios negreiros.

O tráfico negreiro para as Américas teria provocado a morte de 60 milhões de africanos, cifra defendida por pessoas importantes como Martin Luther King. Mesmo considerada superestimada por alguns autores, não há como negar que o tráfico negreiro foi responsável pela morte de dezenas de milhões de negros. Cinco etapas terríveis marcavam o tráfico: 1) captura dos nativos no interior da África; 2) transferência para os portos na costa africana; 3) armazenamento nesses portos, onde os negros aguardavam a chegada dos navios negreiros; 4) transporte para outros países nos navios tumbeiros; e 5) armazenamento nos portos de desembarque, onde eram recuperados para serem vendidos.

Em todas essas etapas, o número de africanos mortos era muito alto, por volta de 50% do total de capturados. No tráfico do Oceano Índico para os países árabes e para o Extremo Oriente, a mortandade foi grande. Estima-se algo em torno de cinco milhões de africanos, entre os anos 650 e 1900.

Tráfico oriental na África: séculos VI-XVI

Os contatos entre os países árabes e a África subsaariana são anteriores aos contatos com os países da Europa ocidental que colonizaram a África. Nota-se, já no século VI da Era Cristã, a presença dos etíopes no sul da Arábia, onde lutaram como aliados dos bizantinos na guerra entre o império romano-cristão e o império persa. Fracassada a campanha contra os persas, alguns etíopes ficaram na Arábia como cativos ou como mercenários e desempenharam papéis às vezes relativamente importantes (Lewis, 1971, p. 22).

Durante o período que se seguiu imediatamente à morte do profeta Maomé em 632, as grandes conquistas islâmicas transportaram a nova fé para as vastas zonas da África ocidental e oriental. Termos como "abissínio" e "sudão" são testemunhos desses contatos. Com efeito, "abissínio" veio do árabe *Habash*, que designa os povos do Chifre da África e seus vizinhos imediatos; "sudão" veio do árabe *Bilad-al-sudan*, terra dos negros, e aplicava-se a toda a zona da África negra situada ao sul do Saara, do Nilo ao Atlântico, incluídos os Estados negros da África ocidental. A palavra *ifriquiya*, emprestada do latim *África*, designava para os árabes apenas os países do Magreb, sendo os negros africanos chamados, de acordo com as primeiras fontes árabes, ora de Abash, ora de Sudan (Lewis, 1971, p. 54).

A literatura árabe do século IX informa sobre os movimentos do tráfico negreiro em direção ao Norte e ao Leste – pelo Mar Vermelho e Oceano Índico em direção à Arábia e ao Iraque. O tráfico negreiro e a escravidão de africanos nos países árabes continuaram até o século XIX.

> O tráfico negreiro e a escravidão de africanos continuaram nos países do Islã até o século XX. Numerosas testemunhas do início do século XIX observaram como foram capturados, transportados e vendidos os africanos nos mercados do Oriente Médio e da África do Norte. Com a anexação pelos russos dos países do Cáucaso (1801-1828), a principal fonte de escravizados brancos para o mundo islâmico diminuíra. Privados de seus georgianos e caucasianos, os Estados muçulmanos se tornaram as outras fontes e assistiu-se a uma considerável retomada do tráfico dos negros africanos (Lewis, 1971, p. 87).

Os itinerários clássicos, estabelecidos na Idade Média, se estendiam: (1) da África ocidental (Guiné, do termo berbere *igginaw*, pl. *nawa*, que significa "negro") através do Saara ao Marrocos, à Argélia e à Tunísia; (2) do Sudão ao longo do Nilo ou através do deserto ao Egito; (3) da África oriental através do Mar Vermelho e do Oceano Índico em direção a Arábia, Iraque, Irã e mais longe; (4) outros itinerários mais recentes iam do Kano via Agadès e Ghadanês até Trípoli e de Naday e Darfur atravessando Borku e o Tibesti até Fufra e Cirenaica (Lewis, 1971, p. 88).

Com o crescimento da influência europeia no Egito e no Magreb e a participação do governo otomano nas tentativas de supressão do tráfico negreiro, abriram-se outros itinerários e mercados de escravizados negros que escapavam às zonas de controle. Um deles era situado na região que corresponde hoje à Líbia. No decorrer da segunda metade do século XIX e até mesmo no século XX, Trípoli e Behanzin se tornaram centros importantes de tráficos de escravizados; eles tiravam suas fontes do Chade e de outras regiões mais ao Sul e as exportavam nos mercados do Oriente Médio (Lewis, 1971, p. 88).

A opinião hostil à escravidão na Inglaterra e em outros países ocidentais, no decorrer do século XIX, começou também a afetar os países islâmicos. Por oposição à escravidão antiga, o Islã dá certo estatuto legal ao escravizado, impõe obrigações e direitos a seu proprietário. Este deve tratar seu escravizado com humanidade e, se faltar a esse dever, pode ser constrangido a vender ou até mesmo libertar seu escravizado. Talvez por essa razão, a situação do escravizado nos países muçulmanos fosse incomparavelmente melhor que a situação conhecida durante a Antiguidade ou no século XIX nas Américas (Lewis, 1971, p. 96-97).

Embora a vida dos escravizados na sociedade muçulmana não fosse pior e pudesse ser até melhor, em alguns aspectos, do que a vida dos pobres livres, sua compra e seu transporte se realizavam muitas vezes em condições horríveis. É sobre esses maus-tratos que se concentra mais a atenção dos abolicionistas europeus, e é para a supressão do tráfico na África, particularmente, que se dirigiam todos os seus esforços (Lewis, 1971, p. 97).

A abolição da escravidão em si não era fácil, porque, do ponto de vista muçulmano, "interditar o que Deus autoriza é uma ofensa tão grande quanto permitir o que Deus interdita e a escravidão era autorizada pela lei sagrada". É dos centros religiosos conservadores e principalmente das cidades santas como Meca e Medina que vinham as resistências mais ferozes contra as propostas de reforma. O levante dos Santos Homens e das Cidades Santas como último bastião da escravidão contra as reformas só é paradoxal em aparência, pois eles defendiam uma instituição santificada pelas Escrituras, leis e tradições que, a seus olhos, era necessária para a manutenção da estrutura social da vida muçulmana (Lewis, 1971, p. 97.).

A redução e a abolição da escravidão foram cumpridas pela maioria dos países muçulmanos no decorrer do século XIX, com algumas diferenças, dependendo se trata-se dos negros ou dos brancos. Do ponto de vista estritamente jurídico, não desapareceu antes do século XX; foi então abolida em 1906 pela constituição do Irã, pela revogação formal da lei *sharia* na República Turca, depois em alguns estados que a seguiram (p. 98). Nos impérios britânico, francês, holandês e russo – e nessa ordem –, a abolição completa foi imposta pelas autoridades imperiais. Mais do que isso, pela pressão diplomática que sustentava sua potência naval, a Grã-Bretanha empenhou-se para suprimir o tráfico negreiro da África oriental para o Oriente

Médio; ela obteve para essa finalidade o "formão" (decreto) do Sultão da Turquia, do Xá da Pérsia e do Quediva do Egito (Lewis, 1971, p. 97).

O primeiro chefe de Estado muçulmano a emancipar os escravizados negros foi o "Bei" de Túnis, que decretou, em janeiro de 1846, que o ato de libertação deveria ser concedido a todos os escravizados que o desejassem. Mesmo assim, a abolição da escravidão dos negros só foi concluída depois da ocupação francesa.

Na Turquia, o processo de emancipação parece ter começado em 1830. Naquele ano, um formão (decreto) foi editado ordenando a emancipação dos escravizados de origem cristã que tivessem conservado sua religião. Era uma espécie de anistia para os gregos e outros sujeitos cristãos próximos aos otomanos reduzidos à escravidão por terem participado de recentes revoltas (Lewis, 1971, p. 98).

A maioria dos escravizados brancos, cristãos ou outros muçulmanos vinha do Cáucaso. Eles entravam no Império Otomano, seja por terra, seja por mar, nos portos do Mar Negro. Sua deportação e a sorte a eles reservada em seguida escapavam à interferência, até mesmo à influência, das potências ocidentais, e era uma preocupação estritamente otomana. Também foi na sequência de uma iniciativa de origem quase unicamente otomana, determinada pela evolução da situação interna, que o Estado otomano empreendeu, pela ordem da lei, melhorar muito sensivelmente a sorte desses escravizados, até permitir, finalmente, a abolição efetiva, se não legal, de sua condição servil. Entre 1854 e 1855, foram promulgadas leis contra o tráfico de escravizados brancos da Geórgia e do Cáucaso, que foram geralmente cumpridas (Lewis, 1971, p. 99).

Em 1847, os britânicos puderam obter certo número de concessões do governo otomano a esse respeito e, em 1857, eles obtiveram um formão (decreto) otomano capital interditando o tráfico de escravizados negros no conjunto do território do império, salvo o Hijaz. Por que esse regime excepcional? Em 1º de abril de 1855, um grupo de mercadores influentes de Jedda enviou uma carta com suas preocupações sobre os principais membros de Ulema e ao *Sharif* de Meca. Eles exprimiam sua desaprovação perante as medidas que haviam sido tomadas e referiam-se a uma informação que indicava que a interdição geral do tráfico dos escravizados seria promulgada, tal qual as outras mudanças perniciosas de inspiração cristã, como a emancipação das mulheres e a tolerância em matéria de casamentos mistos. Essa interdição, assim como o conjunto do programa de reformas que a acompanhava, foi condenada pelos autores da carta como anti-islâmicos (Lewis, 1971, p. 100).

Essa carta causou alguns retrocessos em Meca e, sob a instigação do *Sharif* Abl al-Muttalib, uma crise se desencadeou alguns meses mais tarde, quando o governador do Hijaz mandou ao governador do distrito de Meca a ordem de interditar o comércio de escravizados. Por causa dessa ordem considerada anti-islâmica, os turcos foram declarados apóstatas e pagãos, portanto matá-los era um ato legítimo.

Os turcos se tornaram renegados. Deve-se entrar em guerra contra eles e seus seguidores. Os que estão conosco estão do lado do paraíso, e os que estão contra nós, do lado do Inferno. Derramar o sangue é legal e tomar os bens deles é lícito (Lewis, 1971, p. 101).

Esse decreto teve efeito esperado. As autoridades otomanas foram atacadas nas cidades santas por chefes locais e pela população, e o Qadi – nomeado pelos otomanos – foi obrigado a assinar uma declaração condenando a interdição do tráfico dos escravizados. Os soldados otomanos, assim como os estrangeiros protegidos, foram atacados através de Meca. A guerra santa foi proclamada contra os otomanos, e a revolta começou (Lewis, 1971, p. 101).

Em julho de 1856, a revolta foi completamente esmagada. O governo do Sultão tinha captado o aviso e tomado medidas para prever uma secessão da Arábia otomana. A Província de Hijaz escapou explicitamente às medidas de abolição editadas pelo ato promulgado em 1857. O *Sharif* Abd al-Muttalib recuperou suas funções pouco tempo depois, e a manutenção de sua presença em Hijaz encorajava os mercadores de escravizados a ignorar as leis antiescravistas e a reorientar suas atividades a essa zona (Lewis, 1971, p. 101).

Apesar dos esforços conjuntos das autoridades otomanas e da Marinha britânica, o tráfico tendeu a se concentrar em duas zonas principais – uma delas era o Mar Vermelho, onde a isenção acordada ao Hijaz garantia aos mercadores de escravizados uma segurança que eles não podiam encontrar em outro lugar. A outra era a Líbia, que, depois do estabelecimento das autoridades britânica no Egito e francesa na Tunísia e na Argélia, era a única região da África otomana a escapar ao controle estrangeiro. No decorrer do terceiro quarto do século XIX, uma parte substancial dos escravizados exportados da África negra em direção aos países otomanos transitava pelo porto de Trípoli e em seguida por Behanzin. Lá ainda, grandes esforços foram feitos para pôr fim ao tráfico dos negros, e, quando eram descobertos escravizados, eles eram imediatamente libertados, o que criava um novo problema, pois esses escravizados libertos precisavam de um abrigo, de alimentos e de proteção contra seus antigos mestres que tentavam recuperá-los. A proteção dos escravizados libertos era fonte de constantes preocupações por parte das autoridades otomanas, que tomaram diversas medidas para responder às suas necessidades. Muitas vezes, o governo de Istambul mandava instruções a Behanzin, pedindo que as autoridades turcas transferissem os libertos negros para Istambul ou Ismir, onde os homens seriam recrutados para o Exército ou a Marinha, e as mulheres, colocadas como domésticas.

Outro centro principal era a Arábia. Graças ao exemplo da abolição, o largo movimento de escravizados vindo da África para a Arábia e passando pelo golfo em direção ao Irã continuou por muito tempo. Fora dos canais comerciais, o aporte dos escravizados foi aumentando por causa dos peregrinos garantidos. Esses carregavam em suas viagens certo número de escravizados e os vendiam um a um – como se fossem cheques de viagem – para pagar suas despesas de peregrinação. Progressivamente, o tráfico do Mar Vermelho se reduziu por causa das guerras no Sudão e na Etiópia. A estreiteza do controle britânico, francês e italiano nas costas do Chifre da África privou os mercadores de escravizados de seus principais pontos de embarque. A ocupação britânica do Egito em 1882 e em seguida o controle anglo-egípcio do Sudão e a supressão radical dos negreiros freou ainda mais o tráfico, ao suprimir uma das fontes principais do recrutamento. O intermédio do governo do Mahdi e de seus sucessores no Sudão foi a ocasião de uma certa retomada do tráfico negreiro e, a despeito da reconquista do Sudão e de todos os esforços feitos pelas autoridades turcas, egípcias, britânicas, francesas e italianas, o tráfico continuou até a época moderna. A partir do ano de 1890, embora o tráfico estivesse ainda ativo, ele tornara-se clandestino (Lewis, 1971, p. 102-103).

No fim do século XIX, a escravidão dos brancos havia muito tempo desaparecido e a dos negros tinha sido reduzida a uma ínfima proporção de sua dimensão original. A captura, a venda e o transporte dos negros da África para a Arábia e o Irã continuaram, embora condenados, em proporções sensivelmente muito reduzidas. A escravidão foi finalmente abolida na Arábia Saudita por um decreto real de 1962, e na Mauritânia, em 1980 (Lewis, 1971, p. 102-103).

A primeira questão que vem ao espírito – quando se vê durante um período tão longo tantos negros penetrarem nas partes centrais do mundo islâmico – é saber: por que eles deixaram tão poucos traços? Nada nos países árabes, a Pérsia ou a Turquia, lembra as zonas de populações negras ou mestiças da América do Norte e do Sul. A primeira razão é evidentemente a de que havia uma grande proporção de eunucos entre os machos negros levados para os países do Islã. Uma outra razão se encontra na combinação, entre os escravizados negros da África do Norte e do Oriente Médio, de uma taxa de natalidade baixa. Por volta de 1810, Louis Frank observou que na Tunísia a maioria das crianças negras morria na infância e que um número ínfimo delas atingia a idade adulta. Cerca de 30 anos depois, um observador britânico descobriu no Egito uma situação ainda pior:

> No Egito, a mortalidade dos escravizados é espantosa. Quando as epidemias se abatem sobre o país, eles são dizimados em número muito grande e são as primeiras vítimas de quase todas as outras doenças. Disseram-me que cinco ou seis anos bastava para suprimir uma geração de escravizados e era preciso, no fim de cada período, preencher de novo (Lewis, 1971, p. 103-104).

O concubinato nas classes sociais superiores e o casamento misto nas classes sociais humildes parecem ter sido praticados, mas em proporções muito limitadas. Esses casamentos se mostraram bastante estéreis, provavelmente por razões mais sociais do que biológicas. Mesmo hoje, os membros de algumas famílias negras no

Oriente Médio, por mais que possam ser identificadas, tendem no conjunto a casar entre si (Lewis, 1971, p. 103-104).

Tráfico ocidental na África: séculos XVI-XIX

Todos os africanos levados para o Brasil vieram pela rota transatlântica. Isso envolveu povos de três regiões geográficas: África ocidental, de onde foram trazidos homens e mulheres dos atuais Senegal, Mali, Níger, Nigéria, Gana, Togo, Benim, Costa do Marfim, Guiné-Bissau, São Tomé e Príncipe, Cabo Verde, Guiné e Camarões; África centro-ocidental, envolvendo povos do Gabão, Angola, República do Congo, República Democrática do Congo (ex-Zaire) e República Centro-africana e África austral, envolvendo povos de Moçambique, da África do Sul e da Namíbia.

Na literatura e nos textos escritos sobre o assunto, diz-se geralmente que os africanos escravizados no Brasil foram trazidos do litoral de Angola, do litoral de Moçambique e do Golfo de Benim, de onde embarcaram rumo ao Brasil. Mas de fato teriam vindo do interior das áreas citadas e dos países e grupos étnicos cuja documentação foi em grande parte queimada sob as ordens de Rui Barbosa, então ministro das Relações Exteriores do Brasil.

Mapa da rota do tráfico transatlântico

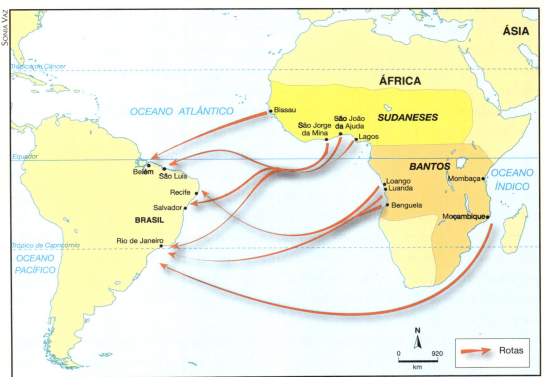

FONTES: MEC-SEF, 2001, p. 12-13; Munanga e Gomes, 2006, p. 19.

Problema da escravidão na África tradicional

Saber se existiu tráfico humano e sistema de escravidão na África antes do contato com o mundo árabe e ocidental é um assunto permeado de emoção e afetividade. Os africanos não ficam à vontade quando se toca nesse assunto, porque se sentem acusados de terem sido corresponsáveis pelo tráfico de seus próprios povos; por terem, por intermédio de alguns de seus dirigentes tradicionais, participado do tráfico. Os europeus e os brasileiros brancos querem se libertar do complexo de culpa, ao transferir a responsabilidade aos reis e príncipes africanos implicados no tráfico e no comércio negreiro.

De acordo com a historiografia oficial, "o índio, acostumado com a liberdade, recusou-se ao trabalho escravo, o que obrigou o colonizador português a ir buscar essa mão de obra escrava no continente africano, onde os negros acostumados com a escravidão já existente em sua terra não se importavam com sua sorte". Dizer que o colonizador português foi para a África buscar os escravos que adquiria, comprando-os pela troca com o fumo da Bahia e outras mercadorias, graças à cumplicidade dos reis e príncipes africanos, não deixa dúvida sobre a crença na existência dos escravos como categoria natural, ou seja, na existência na África de seres humanos que nasceram escravos. A partir dessa crença, podemos já formular uma dúvida e fazer a primeira indagação. Uma pessoa, homem ou mulher, pode nascer escrava ou todos nascem livres, até que algum sistema os escraviza no decorrer de sua vida?

Para começar, o próprio conceito de escravo condensa termos que, no contexto das realidades africanas, se aplicariam a categorias distintas que nada ou pouco têm a ver com o conceito de escravo, tal como o empregamos para falar das realidades escravistas conhecidas no Brasil e nas Américas de modo geral.

Quando se remete à África tradicional, foram assimilados ao conceito de escravos todos aqueles que estão ou estiveram em uma relação de sujeição leiga ou religiosa, com um parente mais velho, um soberano, um protetor, um líder etc. Em geral, esses termos significam "subjugado, submetido, dependente, servo". As filhas púberes, as caçulas, as esposas, os protegidos, os penhorados, entre outros, estão, como o escravo, submetidos ao poder absoluto do chefe de família. Eles podem ser espancados, alienados, eventualmente mortos. A obrigação de trabalho passa sobre todos aqueles, francos ou cativos, que dependem de um senhor, um "patriarca", um soberano. Ao contrário, ao lado deles, alguns na mesma relação de sujeição podem gozar de privilégios que os colocam em uma situação aparentemente superior.

Além dessas relações de sujeição que há em todas as sociedades africanas tradicionais (no interior de um reino, uma chefia, um clã, uma linhagem, uma família), existiram também relações de sujeição quanto aos estranhos cativos das guerras e penhorados pelas próprias famílias. Quando havia guerra entre duas sociedades inimigas, a sociedade vitoriosa poderia ocupar ou anexar o território vencido, que passava a integrar seu império; poderia deixar o rei e os habitantes do território ocupado livres, mas com a obrigação de lhe pagar regularmente um tributo; poderia capturar algumas pessoas, homens e mulheres celibatários, e levá--los para sua terra, como cativos. Os cativos masculinos trabalhavam como servos dos reis, notáveis e guerreiros, e os cativos femininos integravam os haréns destes como reprodutoras. Os homens cativos podiam casar-se com as mulheres livres da sociedade, sem direito de paternidade sobre seus filhos, que nasciam livres e eram membros integrantes das comunidades de suas mães. Ambos, filhos de homens e mulheres cativos, nasciam totalmente livres.

Houve também muitos casos em que algumas sociedades domésticas não tiveram interesse em promover a reprodução contínua desses cativos que adquiriram em razão das circunstâncias gloriosas da guerra. Não davam aos cativos masculinos nenhum emprego, nem na reprodução social nem na produção econômica, fazendo deles apenas um bem de prestígio, um objeto desprovido de qualquer função ativa. Como outros bens semelhantes, eles poderiam ser destruídos mediante a imolação por ocasião de funerais ou cerimônias religiosas (por exemplo, eram enterrados vivos com o defunto de um rei, a quem continuavam a servir no mundo dos ancestrais). A imolação dos homens estranhos capturados era mais frequente que a das mulheres, porque o valor social e econômico destas como procriadoras não era subordinado a difíceis processos de integração.

Os cativos estranhos não provinham apenas das guerras. Existiu em várias sociedades africanas a prática de penhora humana. Uma linhagem, pela decisão do patriarca, podia penhorar um de seus membros celibatários a uma outra linhagem credora, que poderia usá-lo gratuitamente até a extinção da dívida. A penhora podia ser feita, por exemplo, em momentos de grandes calamidades naturais. Nesse caso, o parente era penhorado para receber em troca quantidades de comida para salvar a linhagem da fome. Os penhorados, embora subjugados, não perdiam a paternidade de sua linhagem e outras prerrogativas ligadas a ela. Sua condição de cativo era provisória e reversível, pois ligada teoricamente a uma alforria que viria com a extinção da dívida.

Todas as categorias anteriormente descritas existiram nas sociedades africanas tradicionais, mas nem por isso devemos ver nelas a existência de um certo tráfico negreiro intra-africano, anterior ao tráfico transatlântico, pois o tráfico subentende uma relação comercial de enriquecimento e acumulação de riqueza; supõe a existência de sistemas em que os seres humanos são mercadorias, produtos comerciáveis, que podem ser vendidos e comprados; supõe a existência dos mercados regulares por esse tipo de operação. Nada na África antes do tráfico oriental e transaariano liderado por árabes e do tráfico transatlântico liderado pelos europeus comprovava a existência do tráfico humano e da relação de enriquecimento e acumulação de riquezas recorrentes.

Todas as situações de exploração existentes na África tradicional anteriormente referidas não se constituem sistemas escravistas, porque a exploração não era renovada sistematicamente e não suscitava uma categoria de indivíduos mantida institucionalmente (de fato ou de direito) em uma relação de subordinação. A escravidão como modo de exploração só pode existir se constituir-se uma classe distinta de indivíduos com um mesmo estatuto social. Essa classe distinta, chamada escrava, deve se renovar de forma contínua e institucional, de tal modo que as funções a ela destinadas possam ser garantidas de maneira permanente e que as relações de exploração e a classe exploradora (dos senhores) que delas se beneficiam possam também se reconstituir regular e continuamente. Nada disso foi reunido na África antes do tráfico externo, porque a renovação constante de estranhos estrangeiros celibatários na sociedade doméstica e a reprodução de escravos por crescimento genésico (por meio de casamento) entraram em choque com impossibilidades orgânicas e práticas. Impossibilidades orgânicas pelo fato de que, para ser explorado, o estranho é colocado na incapacidade de se reproduzir socialmente como categoria social distinta. Os filhos nascidos das uniões entre mulheres e homens cativos eram sujeitos completamente livres e membros das comunidades recebedoras dos "estranhos". Havia impossibilidade prática também, pois tal reprodução supõe, demograficamente, um contingente mínimo de subjugados bem superiores aos contingentes habituais de cada comunidade doméstica. Esta não poderia reuni-los e submetê-los sem modificar profundamente, se não radicalmente, suas estruturas. Fora do acolhimento e da guerra vicinal, que são incapazes de promover um abastecimento contínuo de pessoal subjugado, os outros meios de sua renovação são as incursões permanentes, a guerra periódica organizada ou a compra regular. Todos esses meios estavam fora do alcance de uma economia de autossubsistência.

O tráfico negreiro instalou-se na África a partir de uma intervenção externa, árabe e ocidental, que ultrapassou o continente. Por isso, não podemos aceitar a tese de um sistema escravista africano que justificaria e legitimaria as formas de escravidão que deram origem às primeiras diásporas africanas historicamente conhecidas. Sem dúvida, alguns dirigentes africanos dos séculos XVI a XIX entraram nesses circuitos de tráfico humano como fornecedores da mercadoria humana num mercado internacional sobre o qual não tinham nenhum controle. Alguns enriqueceram, tornando seus reinos bem potentes e armados com a ajuda dos traficantes estrangeiros para garantir o fornecimento regular da mercadoria.

Mas o que deve estar em questionamento crítico não são os homens ou os continentes ou países que se envolveram com o tráfico, mas o sistema escravista e o tráfico que o alimentava, o qual hoje é considerado uma das maiores tragédias da

Tráfico humano e escravidão na África

humanidade. Foram milhões de homens e mulheres arrancados de suas raízes que morreram nas guerras de captura na própria África, nas longas caminhadas para os litorais de embarque, nas condições de confinamento, falta de comida e higiene nos armazéns humanos construídos nos portos de embarque da carga humana, na travessia, enfim, nas condições de trabalho e de vida reservadas a eles nos países de destinos que ajudaram a construir e a desenvolver.

A existência ou não dos vestígios da escravidão e do tráfico negreiro na África não deveria ter alguma implicação no debate sobre a questão da indenização e das políticas compensatórias em benefício dos legados da escravidão, que hoje constituem cerca de 45% da população brasileira, ou seja, cerca de 72 milhões de brasileiros de ascendência africana.

CAPÍTULO 5

Os africanos que povoaram o Brasil e suas contribuições

Os processos de mestiçagem e empréstimos culturais entre africanos escraviza-dos no Brasil tornam difícil, se não impossível, discernir e identificar a origem étnica das populações afrodescendentes do Brasil de hoje. No entanto, as resistências lin-guísticas e culturais que caracterizam as contribuições africanas na cultura brasileira contemporânea oferecem suficientes elementos para distingui-las a partir de um tra-balho de comparação com suas áreas regionais e étnicas da África tradicional.

Com base nesse método comparativo, destacam-se três áreas geográfico-cultu-rais cujas contribuições foram constatadas no Brasil:

1) a área ocidental, chamada costa dos escravos, ilustrada pelas culturas dos povos ioruba ou nagô, jêje, fons, ewê e fanti-ashanti, cobrindo os territórios das atuais repúblicas da Nigéria, Benim, Togo, Gana e Costa do Marfim. É o chamado Golfo de Benim;

2) zona do Sudão ocidental ou área sudanesa islamizada, ocupada pelos grupos de negros malês (peul ou fula, mandinga, haussa, tapa e gurunsi), cobrindo os territórios das atuais repúblicas do Senegal, Gâmbia, Guiné- Bis-sau, Guiné, Serra Leoa, Mali e Burkina Fasso;

3) a área dos povos de língua banto, compreendendo numerosas etnias que cobrem os países da África central e austral (Camarões, Gabão, Congo, República Democrática do Congo, Zâmbia, Zimbábue, Namíbia, Moçam-bique e África do Sul).

Os bantos, os primeiros a chegar, deram o primeiro exemplo de resistência à escravidão na reconstrução do modelo africano do "quilombo", importado da área geográfico-cultural Congo-Angola. Os escravizados foragidos das fazendas se agruparam em áreas não ocupadas e de difícil acesso, organizando ali novas so-ciedades que apelidaram de quilombos. De origem da língua umbundu de Angola, "quilombo" é um aportuguesamento da palavra *kilombo*, cujo conteúdo remete a uma instituição sociopolítica e militar que resulta de longa história envolvendo regiões e povos lunda, ovimbundu, mbundu, luba, kongo e imbangala ou jaga, cujos territórios se situam hoje nas repúblicas de Angola e dos dois Congo. É uma história de conflitos pelo poder, de cisão dos grupos, de migrações em busca de novos territórios e de alianças políticas entre grupos alheios.

Em seu conteúdo, o quilombo brasileiro é, sem dúvida, uma cópia do quilombo afro-banto reconstruído pelos escravizados para se opor à estrutura escravocrata, pela implantação de outra estrutura política na qual se juntaram todos os oprimidos.

Graças às pesquisas recentes concluídas e em andamento, foram descobertos em todas as regiões do Brasil os sítios dos quilombos resultantes desse grande movimento organizado de "fuga". De acordo com os dados da Fundação Cultural Palmares (www.palmares.gov.br) foram levantadas cerca de 743 comunidades remanescentes de quilombos em todo o Brasil, das quais apenas 178 foram formalmente registradas e, destas, apenas 70 teriam o título da terra regularizado. No entanto, o Centro de Cartografia Aplicada e Informação Geográfica (Ciga), da Universidade de Brasília, informa ter catalogado 2.228 comunidades quilombolas, que abrigam uma população de 2,5 milhões de pessoas. De todos esses quilombos, o de Palmares, situado no atual Estado de Alagoas, é considerado o mais importante, tanto pelo tamanho e quantidade populacional como pela duração de sua existência.

Durante todo o século XVII, Palmares rechaçou mais de 35 expedições comandadas pelos holandeses e portugueses. Mas foi a última expedição comandada em 1692, após quase um século de sua existência, por Domingos Jorge Velho, que, depois de dois anos de luta, colocou fim à república palmerina, quando seu líder máximo, Zumbi dos Palmares, foi traído e morto por um de seus chefes subalternos. Foi sem dúvida uma estrutura política inspirada nos moldes organizacionais banto, certamente liderada por banto e seus descendentes, como comprovado pelo próprio nome de quilombo e pelos nomes de seus maiores líderes: Ganga Zumba e Zumbi; que significariam feiticeiro, imortal (Ganga de *Nganga*, em diversas línguas bantu; e *Zumba*, em kikongo, imortalidade; e Zumbi, de *Nzumbi* ou *Nzambi*, significaria espírito ou deus em várias línguas bantu).

Além desse modelo de resistência política apenas superada pela revolta dos escravizados africanos no Haiti, todos os estudiosos unanimemente reconhecem que as contribuições bantu na língua portuguesa do Brasil são mais fortes que as dos sudaneses. Não apenas introduziram uma parte do léxico desconhecido em português original como influíram na fonética e no uso de algumas expressões idiomáticas e até mesmo na fonologia de algumas palavras. De fato, no vocabulário do português falado no Brasil, os termos de origem jeje-nagô são mais

Origens africanas do Brasil contemporâneo

restritos às práticas e utensílios ligados à tradição dos orixás, como a música, a descrição dos trajes e a culinária afro-baiana. E mesmo o vocabulário do culto jêje-nagô sofreu influência dos bantos, haja vista o uso dos termos como "quizila" e "dijina" (nome de iniciação). As pequenas comunidades negras relativamente isoladas que hoje pertencem ao complexo dos chamados remanescentes dos quilombos, como os Cafundó (Estado de São Paulo), os Calunga (Estado de Goiás) e as comunidades negras de São João da Chapada e de Patrocínio (Estado de Minas Gerais) utilizam dialetos nos quais são nitidamente identificadas palavras de língua banto. Algumas palavras da língua banto são correntemente utilizadas sem consciência por todos os brasileiros (por exemplo: bunda, quitanda, caçula, marimbondo, quiabo, jiló e cachimbo).

No campo da religiosidade, as contribuições dos povos da área ocidental, particularmente do chamado Golfo de Benim, se destacam. Eles legaram ao Brasil um panteão religioso organizado segundo o modelo cultural jêje-nagô, conhecido como candomblé da Bahia.

Ao falar das contribuições africanas no domínio religioso no Brasil, não podemos deixar de lado as confrarias religiosas existentes no Brasil colonial e até em Portugal da época. Conta Michel Bergmann (Bergmann, 1978, p. 41-42) que essas confrarias eram separadas para os escravizados africanos e para brancos e, entre os escravizados, havia confrarias especiais para grupos determinados. Assim, a "Venerável Ordem Terceira do Rosário de Nossa Senhora das Portas do Carmo" foi integrada sobretudo por bantos; "Senhor Bom Jesus das Necessidades e Redenção dos Homens Pretos", por Haussa; e a confraria de "Nossa Senhora da Boa Morte", por Nagô-Ioruba. Essas diferenciações apareciam aos olhos de todos nas procissões, onde as "cores" não se confundiam.

Foi no âmbito dessa confraria "Nossa Senhora do Rosário", deixada como partilha exclusiva aos negros bantos, que os reis do Congo se investiam nas suas funções majestáticas e, por ocasião dessas festas, se elegiam e coroavam (Rodrigues, 1977, p. 32). A eleição e coroação dos reis do Congo foram institucionalizadas nos Estados de Pernambuco e em outras regiões do norte da colônia, como no Ceará, mas não se prolongaram muito além dos meados do século XIX (Rodrigues, 1977, p. 33). Mas essa singularidade institucional concedida aos colonos Congo só é explicável pelo predomínio numérico dos negros daquela procedência. Observa José Ramos Tinhorão que os negros bantos souberam usar com sabedoria, em proveito de sua continuidade histórica, a estrutura que os brancos lhes ofereceram. Tanto assim que, mesmo abolida em meados do século XIX a estratégia escravista da "eleição do Rei do Congo", as celebrações se mantiveram sob forma de autos ou danças dramáticas (Tinhorão, 1972, p. 60). Hoje, elas fazem parte da cultura popular afro-brasileira de diversas regiões do País, sob as denominações de "Reinados de Congos", "Congadas", Congados" e "Congos", principalmente no Estado de Minas Gerais, onde, segundo um consenso entre estudiosos, os Bantos foram numericamente predominantes (Sabará, 1997, p. 6). O congado, de modo geral, tem sido definido como dança dramática, folguedo popular ou auto popular (Sabará, 1997, p. 6) ou, ainda, como um "tipo de folguedo popular entre as expressões afro-brasileiras e culturais de Angola e Congo aculturadas a elementos de catolicismo catequético e ao brinquedo de mouros e cristãos" (Rabaçal, 1976, p. 8-9).

No recenseamento feito por Alfredo J. Rabaçal, além do Estado de Minas Gerais, os congados existem também nos Estados do Rio de Janeiro, São Paulo, Rio Grande do Sul, Espírito Santo, Santa Catarina, Paraná, Goiás, Mato Grosso, Bahia, Sergipe, Pernambuco, Piauí, Ceará, Paraíba, Rio Grande do Norte e Maranhão. Os calendários das festas são sempre atrelados aos dos santos padroeiros de cada região; assim, Nossa Senhora do Rosário, São Benedito, Divino Espírito Santo, Santa Ifigênia, São Baltazar, São Sebastião, São Domingos, Santo Antônio, entre outros (Rabaçal, 1976, p. 9).

No domínio da cultura material, os bantos, assim como os chamados sudaneses, deixaram vários aportes hoje integrados na cultura brasileira como um todo. Tais aportes se observam nos instrumentos musicais, como os tambores de jongo: os tambos (maiores) e os candongueiros (menores); o ingono ou ingomba de Pernambuco e outros Estados do Norte, que são nada mais que o ngomba ou angomba, angoma ou ngoma em vários grupos do Congo e Angola; o zambé, que é um ingono menor e que deu origem à dança coco de zambé, praticada em alguns Estados nordestinos; a cuíca, conhecida em todo o Brasil, e que nada mais é que a "puita" do Congo-Angola; o urucungo, também chamado gôbo, bucumbumba e o berimbau de barriga, que é o mesmo que "rucumbo" dos lunda (Ramos, 1943, p. 465). Na escultura, os bantos deixaram suas marcas nas figas em madeira e nos objetos de ferro, em que os moçambicanos se destacaram. No trabalho de mineração, eles introduziram a bateia. Na construção, eles deixaram o mocambo, ainda vivo no Nordeste do Brasil e em alguns isolamentos rurais (Diegues Júnior, 1977, p. 109).

No domínio das danças e músicas, os elementos culturais bantos são presentes nos congos, quilombos, coco, jongo, maculelê, maracatu, bumba meu boi e capoeira, destacando-se o samba, um dos gêneros musicais populares mais conhecidos e que constitui uma das facetas da identidade cultural brasileira.

Na visão dos brasileiros afrodescendentes de modo geral, consciente e inconscientemente, todos esses legados, ou bantos ou sudaneses, constituem o patrimônio histórico, sociopolítico, cultural e religioso com o qual eles constroem sua identidade. Hierarquizar as contribuições banta e sudanesa como tentaram fazer alguns estudiosos e ideólogos significa criar novas categorias de preconceito e "sub-racismo" na população negra brasileira que poderiam prejudicar seu processo de recuperação de uma única identidade étnica politicamente mobilizadora.

Glossário

Apresentamos este glossário para facilitar a compreensão do livro. Definimos apenas os termos, as locuções e as expressões no sentido e contexto em que os utilizamos na obra, sem o rigor dos dicionários e da literatura especializada.

Abomé: nome do reino no território da atual República do Benim; atualmente Abomé é apenas uma cidade do Benim.

Achanti: nome de um reino da República de Gana.

Achelense: instrumentos do paleolítico inferior.

Aculturação: empréstimos culturais entre duas ou mais culturas em contato. Houve aculturação entre africanos de diversas origens étnicas escravizados no Brasil.

África do Sul: país africano situado na extremidade meridional do continente. Antiga colônia britânica, conviveu cerca de meio século com o regime de segregação racial chamado *apartheid*, que foi desmantelado oficialmente em 1994, graças a uma longa luta liderada por Nelson Mandela.

Afrodescendente: qualquer pessoa que, na sua ascendência ou patrimônio genético, tem ou teve algum parente negro ou africano.

Agropecuário: atividade produtiva combinando a agricultura com a pecuária.

Alexandre, o Grande (356-323 a.C.): rei da Macedônia, discípulo de Aristóteles; expulsou os persas do Egito, colocando fim às dinastias faraônicas; fundou a cidade de Alexandria.

Alforria: operação pela qual um escravizado é inteiramente redimido e tornado igual a um indivíduo livre, pela obliteração total do seu estado de escravizado.

Alienígena: estrangeiro, estranho; diz-se dos povos não indígenas que vieram ao Brasil depois do descobrimento.

Almorávida: membro de uma seita religiosa, moravida, de origem árabe.

Amazona: mulher que exerce a função de soldado no reino de Abomé, no atual território do Benim; daí a expressão "amazonas negras" para designar a fração do exército composta de mulheres no reino de Abomé.

Angola: país da África ocidental-austral; foi colonizado por Portugal, do qual se libertou em 1975 por meio de uma guerra; de Angola foram trazidos muitos africanos escravizados no Brasil.

Antropologia biológica: um ramo da antropologia que estuda, entre outros, a evolução do homem, assim como sua distribuição em populações biologicamente contrastadas.

Glossário

Ascendência: gerações que precedem a geração de uma pessoa; por exemplo, os pais, avós, bisavós e tetravós de uma pessoa constituem sua ascendência.

Australopiteco: antropoide fóssil considerado o ancestral mais antigo do homem; foi descoberto no Vale da Grande Fenda na África, há cerca de 3,5 milhões de anos; etimologicamente significa Homem do Sul, pois foi descoberto na parte sul da Grande Fenda.

Autóctone: indígena, nativo.

Autossubsistência: caracteriza uma economia capaz de produzir o essencial das necessidades da vida e dos meios de produção a partir das matérias e da tecnologia diretamente ao seu alcance.

Axum: império da África antiga, ocupou o território que corresponde à atual Etiópia.

Axumita: relativo a Axum; civilização axumita.

Banto: plural de *muntu* ou *munto*, membros da família linguística dos africanos originários da África central, centro-ocidental, oriental e austral, cujas línguas, apesar de serem diferentes, pertencem a uma mesma família linguística. Essas línguas são ditas bantu ou banta, porque todas utilizam a palavra *u-ntu*, singular; *Ba-ntu*, plural, para designar o ser humano.

Barbárie: barbaria, falta de civilização.

Basilar: que serve de base.

Bateia: gamela de madeira utilizada na atividade de mineração para levar o cascalho do minério; diz-se que foi inventada pelos escravos oriundos de Moçambique.

Benim: cidade da Nigéria que é sede da região centro-oeste; foi um reino ou cidade-estado antes da ocupação colonial; atual República do Benim, na costa norte do Golfo da Guiné que foi colonizado pela França com o nome de Daomé.

Berbere: grupo étnico das regiões montanhosas da África do Norte; pratica a religião muçulmana, mas conserva língua e costumes próprios.

Berço da humanidade: origem da humanidade; de onde surgiu o primeiro ser reconhecido como nosso antepassado.

Berimbau: instrumento musical de origem africana constituído de um arco de madeira retesado por um fio de arame e de uma cabaça presa ao dorso da extremidade inferior.

Biologia molecular: especialização da Biologia ou da Genética que estuda as moléculas; por exemplo, o DNA é uma molécula.

Bucumbumba: sinônimo de berimbau; do quimbundo *mbulumbumba*, arco sonoro.

Bumba: instrumento de percussão, tambor; do quicongo *mbumba*, bater.

Bumba meu boi: auto musical coreográfico de origem nordestina; pesquisas recentes confirmam a origem africana do bumba meu boi.

Bunda: de *mbunda*, em língua quimbundo, nádegas.

Cabinda: indivíduo dos cabindas, povo banto da região de Cabinda, em Angola.

Cabo: cidade e capital da província do cabo na África do Sul; foi fundada pelos holandeses em 1652.

Origens africanas do Brasil contemporâneo

Cabo Verde: país africano formado por um arquipélago do mesmo nome; foi colonizado por Portugal, do qual se libertou por meio de uma guerra em 1975.

Caçamba: do quimbundo *kisamba*, cesta, cesto grande.

Cacimba: do quimbundo *kixima*, poço, lugar próprio para tirar água em rio ou lago. Na Angola pré-colonial, *kasimba* era o nome dado às reservas naturais de água potável.

Caçula: o mais moço dos filhos ou dos irmãos; do quimbundo *kasule*, último filho.

Cafundó: comunidade remanescente dos quilombos no Estado de São Paulo; de língua ambundo *ka-nfundo*, lugar afastado e de acesso difícil, geralmente entre as montanhas.

Caide: nome dado ao magistrado e juiz na África do Norte.

Califa: título dado ao chefe político e religioso muçulmano.

Calunga: comunidade remanescente de quilombo em Goiás; do termo multilinguístico banto *kalunga*, que encerra ideia de grandeza, imensidão, designando Deus, o mar, a morte.

Camarões: país da África situado no fundo do Golfo da Guiné na fronteira com a Nigéria; foi colonizado pela França, depois da Alemanha.

Cambises: rei da Pérsia; invadiu o Egito antigo e fundou a XXVII dinastia dos faraós (528-521 a.C.).

Candace: título dado às mulheres rainhas no império de Kush.

Capoeira: jogo atlético afro-brasileiro cuja etimologia é controversa; para alguns capoeira vem de *kapwila*, que no umbundo significa espancar, bofetada, tabefe.

Cativo: aquele que, tendo sido capturado, ainda não foi adquirido por um senhor. O cativo é uma mercadoria que, comprada, torna-se "escravo", meio de produção e propriedade.

Cera perdida: uma técnica antiga utilizada na metalurgia de bronze na África ocidental (Nigéria, Benim etc.); teria sido inventada em Meroé, capital da civilização cuxita.

Chaca: rei, imperador do Estado Zulu, antes da colonização.

Chade: país da África que faz fronteira no norte com o Deserto do Saara, no centro-sul com a República Centro-africana e Camarões; foi colonizado pela França.

Cheikh Anta Diop: antropólogo, historiador e egiptólogo senegalês, grande defensor da origem negra da civilização egípcia, do pan-africanismo e da unidade cultural africana (1923-1986).

Circuncisão: prática cultural que consiste em corte do prepúcio entre os judeus, muçulmanos e muitos povos da África.

Classe social: componente social situado em uma relação orgânica de exploração em relação a um outro.

Coco: dança e canção de origem nordestina, de provável origem africana da área banta.

Cólquida: região da Ásia ao sul do Cáucaso, nas vizinhanças do Mar Negro e do Mar Cáspio.

Glossário

Colquídio: habitante da Cólquida.

Conceito: instrumento operatório de pensamento analítico ou sintético com efeito discriminativo.

Conferência de Berlim: conferência organizada em Berlim pelo chanceler Bismarck, entre outubro de 1884 e fevereiro de 1885, durante a qual as potências ocidentais presentes oficializaram a partilha da África entre as nações colonizadoras.

Congado, Congada, Congos: dança dramática afro-brasileira de origem de Congo-Angola.

Congo: do topônimo *kongo*, que deriva do nome do rio africano, o qual por sua vez se origina do *kikongo dikongo*, dívida, tributo.

Consonântica: que produz sons harmoniosos na terminação das palavras.

Costa do Marfim: país da África ocidental situado na costa norte do Golfo da Guiné; foi colonizado pela França e tornou-se independente em 1960.

Cro-Magnon: sítio da Dordogne na França, onde foi encontrado um fóssil humano pré-histórico que foi batizado de "Homem de Cro-Magnon".

Cuíca: instrumento musical da tradição afro-brasileira cuja etimologia é controversa. Para alguns cuíca vem de brasileirismo *cuíca*, do tupi, designação de várias espécies de mamíferos marsupiais, talvez numa referência ao couro utilizado no instrumento; para alguns, a etimologia da palavra "cuíca" é africana de línguas bantu. Na África banta, o tambor de fricção que deu origem ao instrumento brasileiro chama-se em quimbundo *mpwita* e, em quioco, *khwíta*; existe também no quimbundo o verbo *kuika*, amarrar, atar, prender (a vareta, que é friccionada para produzir o som do tambor, é amarrada ao couro), que corresponde ao quioco *kwika*; no quicongo o verbo *kwika* tem o sentido de "insistência que incomoda, irrita, aborrece", que pode ter algo a ver com o som tirado do instrumento.

Descendência: as gerações que seguem a geração de uma pessoa; por exemplo, os filhos, netos, bisnetos e tetranetos de uma pessoa constituem sua descendência.

Dijina: nos candomblés Congo-Angola e na umbanda, nome iniciático pelo qual o filho ou filha de santo é conhecido após a feitura (iniciação); de várias línguas bantas, dijina, nome.

Dinastia: organização reunindo os parentes da classe aristocrática que têm direito de acesso ao poder.

Djemé: cidade do Mali; famosa no império do Mali.

Egito: país árabe da África do norte, onde nasceu uma das civilizações mais antigas da história da humanidade, por volta do ano 3000 a.C.

Endemia: doença própria de determinada região; por exemplo, a malária é uma endemia da África e da Amazônia.

Eritreia: país da África oriental às margens do Mar Vermelho; foi colonizado pela Itália a partir de 1890; tornou-se província da Etiópia depois da retirada da Itália em 1962; reconquistou sua independência em 1993, após dezenas de anos de luta armada para se separar da Etiópia.

Escravidão: estado do escravo, escravagismo.

Origens africanas do Brasil contemporâneo

Escravo: cativo adquirido por um senhor e que serve como mão de obra gratuita. Da mesma maneira que foi adquirido por meio de compra, pode também ser vendido pelo pretendido dono.

Esfinge: entre os egípcios e gregos antigos, uma estátua monstruosa com corpo de leão e cabeça humana.

Ésquilo: poeta grego (525-456 a.C.).

Essência: substância aromática extraída de certos vegetais.

Etíope: habitante da Etiópia; relativo à Etiópia.

Etiópia: antiga Abissínia; país da África oriental situado no litoral do Mar Vermelho; independente desde a Antiguidade, só foi invadido por um período muito curto pela Itália (1938-1945?); o cristianismo foi instalado na Etiópia, então império axumita entre os séculos I e V da Era Cristã.

Exploração: relação entre classes sociais pela qual uma recolhe todo ou parte do sobretrabalho ou sobreproduto da outra. Essa transferência alimenta a reprodução da relação de exploração.

Fanti-Achanti: grupos étnicos do Gana.

Faraó: título dos reis no Egito antigo.

Fenício: da Fenícia (língua, povo etc.).

Fon: grupo étnico da República do Benim e do Togo.

Gabão: país da África equatorial; foi colonizado pela França e tornou-se independente em 1961.

Gana: país da África ocidental situado na chamada Costa do Ouro; foi colonizado pela Inglaterra, da qual se tornou independente em 1957.

Ganga Zumba: nome do líder da República dos Palmares antes de Zumbi; *ganga* significa feiticeiro, curandeiro em várias línguas bantu.

Gao: capital do reino de Songai.

Geopolítica: ramo da geografia que tenta interpretar a vida e a evolução política das nações pelos fatores geográficos.

Gobo: berimbau de barriga; do ronga *gobo*, certa cabaça em forma de bacia, em alusão à caixa acústica do instrumento.

Grande fenda: formação geológica na região dos grandes lagos, que vai da Etiópia à África do Sul, onde foi descoberto o australopiteco.

Grimaldi: grutas da Itália perto de Menton, onde foram descobertos fósseis de homens pré-históricos que foram batizados de "Homem de Grimaldi".

Guiné: país da África ocidental; foi colonizado pela França e teve sua independência em 1958.

Guiné-Bissau: país da África ocidental, antiga colônia de Portugal; faz fronteira no norte com o Senegal e no sul com a Guiné; libertou-se em 1973 por meio de luta armada.

Haussa: povo islamizado da África ocidental, situado principalmente no Níger e na Nigéria.

Heródoto: historiador grego da Antiguidade; muito viajado, visitou o Egito antigo e deixou testemunhos escritos sobre as populações negras do tempo faraônico.

100

Glossário

Herói civilizador: personagem mítico fundador de civilização.

Homo erectus: descendente do australopiteco, considerado fisicamente mais evoluído.

Homo habilis: descendente do australopiteco, considerado o mais evoluído culturalmente pela forma de suas ferramentas líticas, que teriam permitido a migração para outros continentes e o povoamento da própria África.

Homo sapiens: homo sábio, do qual descende o homem atual.

Ifé: cidade da Nigéria; antigo reino ou cidade-estado na civilização ioruba.

Incursão: operação de rapina ou de captura empreendida por um bando.

Indígena: nativo.

Ingoma: do termo multilinguístico banto *ngoma*, tambor.

Ioruba: grupo étnico da Nigéria, Benim e Togo, de onde foram trazidos africanos escravizados no Brasil e que deixaram fortes contribuições religiosas.

Jêje ou gêge: grupo étnico do Benim, Togo e Gana, de onde foram trazidos africanos escravizados no Brasil.

Jiló: do termo multilinguístico banto *njilo*, uma espécie de berinjela de fruto oval.

Jongo: dança tradicional afro-brasileira; caxambu; do umbundo *ojongo*, nome de uma dança dos ovimbundos.

Kanem-Bornu: império do Sudão central, corresponde mais ou menos ao atual território do Chade.

Kolchu: na Antiguidade, povo negro da Cálquida.

Kraal: nome das casernas onde o império Chaca do Estado Zulu treinava suas tropas.

Kumasi (Kumachi): capital do reino de Achanti do Gana.

Kumbi-Saleh: capital do império de Gana.

Kush: império antigo da África, onde foi desenvolvida a civilização cuxita, no território correspondendo mais ou menos ao atual Sudão.

Líbia: país da África do Norte; foi colonizado pela Itália; tornou-se independente em 1951.

Lirismo: entusiasmo, inspiração poética.

Luba: grupo étnico do centro e sudeste da República Democrática do Congo (ex-Zaire).

Lunda: membro do grupo étnico lunda, cujo território ultrapassa as fronteiras de Angola e da República Democrática do Congo (ex-Zaire).

Maculelê: folguedo popular de origem baiana, misto de jogo e dança de bastões; provavelmente do quicongo *makélelè*, barulho, algazarra, vozerio, tumulto.

Magreb ou Maghreb: nome dado à extremidade setentrional da África, compreendendo o Marrocos, a Argélia e a Tunísia.

Malawi: país da África oriental; faz fronteira com a Tanzânia ao norte e com Moçambique ao sul; antiga colônia britânica da qual se tornou independente em 1964.

Malê: nome dado no Brasil aos africanos islamizados oriundos da África sudanesa (Senegal, Gâmbia, Guiné, Mali etc.), que no século XIX (1807-1835) deram origem a uma série de insurreições na Bahia.

Mali: país da África ocidental; foi colonizado pela França, da qual se tornou independente em 1960.

Origens africanas do Brasil contemporâneo

Mandinga: bruxaria; feitiço, talismã; do quicongo mandinga, voz, maldição.

Manicongo: título do rei no reino do Congo.

Mansa-Muça: título do monarca no império de Mali.

Maracatu: dança dramática afro-brasileira, de origem banta. Em Angola, o nome maracatu designa até hoje uma dança praticada pelos Bondos, grupo étnico localizado entre os Rios Cuango, Luíge e Camba.

Marimbondo: do quimbundo *madimbondo*, plural de *dimbondo*, vespa.

Mbundu: grupo étnico de Angola.

Memória coletiva: memória da história cultural coletiva de uma comunidade transmitida de geração em geração pela história oral ou escrita.

Meroé: cidade situada no norte da atual República do Sudão; foi a capital do antigo império de Kush e da civilização cuxita; diz-se que a técnica de cera perdida utilizada na metalurgia de bronze em toda a África tradicional foi inventada em Meroé, que foi o centro de difusão no restante do continente.

Meroítico: de ou relativo a Meroé.

Missão civilizadora: para justificar a invasão e a ocupação dos territórios africanos concretizada pela colonização, os colonizadores disseram que tinham obrigação moral de trazer a civilização, o humanismo e o cristianismo aos atrasados países da África. Essa tarefa é chamada de missão civilizadora.

Moçambique: país situado na costa oriental da África, faz fronteira com a Tanzânia ao norte, com a África do Sul ao sul e com o Malauí e a Zâmbia a oeste; foi colonizado por Portugal, do qual se libertou em 1975 após anos de luta armada.

Mocambo: cabana, palhoça; refúgio de escravos na mata; do quicongo *mukambu*, cumeeira, telheiro, em alusão à principal característica do tipo de habitação: o telhado de palha; encontram-se ainda os mocambos no Nordeste do Brasil.

Montanha de lua: nome dado às montanhas do Vale da Grande Fenda, perto da nascente do Rio Nilo.

Mopti: cidade do Mali, famosa no tempo do império.

Morfologia: forma, estrutura dos seres.

Nagô: o mesmo que ioruba.

Napata: cidade do Sudão; foi capital do império de Kush.

Neandertal ou Neanderthal: caverna da Alemanha onde foram descobertos fósseis humanos pré-históricos batizados como "Homem de Neandertal".

Nguni: grupo étnico da África austral (Zimbábue).

Níger: país da África ocidental situado a leste da foz do Rio Níger; foi colonizado pela França, da qual teve sua independência em 1960.

Níger: principal rio da África ocidental.

Nzimbu: concha marinha da Ilha de Luanda; serviu como moeda no reino do Congo, antes da colonização.

Oba: título dado aos reis e monarcas na civilização ioruba.

Oduduwa: segundo a mitologia ioruba, Oduduwa, filho do deus Olodumaré, é o fundador da cidade sagrada de Ifé e da terra do povo ioruba.

Glossário

Oio ou Oyó: nome do reino ou cidade-estado da civilização ioruba.

Oni: título do rei religioso ioruba da cidade-estado de Ifé.

Osíris: deus do antigo Egito, protetor dos mortos, irmão e esposo de Ísis e pai de Hórus.

Ouidah: cidade litorânea da República do Benim, de onde embarcaram parte dos africanos escravizados no Brasil. Nessa cidade vivem muitos brasileiros escravos retornados depois das insurreições da Bahia.

Ovimbundo: grupo étnico de Angola, disseminado ao sul do Rio Cuanza, na zona meridional e central de Angola; eles falam a língua umbundo.

Paleontologia: ciência que estuda os animais e vegetais fósseis, principalmente por meio de traços deixados nos sedimentos geológicos.

Peregrinação: romaria, viagem feita a um lugar de devoção; os adeptos do Islã têm a obrigação de fazer uma peregrinação a Meca pelo menos uma vez na vida.

Pérsia: atual Irã, a Pérsia foi um reino do sudoeste da Ásia, situado entre a ex-URSS e o Mar Cáspio, o Afeganistão e o Paquistão a leste, o Golfo Pérsico ao sul e o Iraque e a Turquia a oeste.

Peul ou Fula: povo nômade da África ocidental, habita as margens do Rio Níger; foi também escravizado no Brasil.

Pluricultural: que diz respeito à diversidade cultural; por exemplo, o Brasil é um país pluricultural.

Pluriétnico: que diz respeito à diversidade étnica; por exemplo, quase todos os países africanos são pluriétnicos.

Processo civilizador: processo de civilização.

Propriedade: bem sobre o qual se exercem os direitos de uso, de gozo e principalmente de alienação.

Quênia: país da África equatorial; foi colonizado pela Inglaterra e teve sua independência em 1963.

Quizila: vem do termo multilinguístico banto *kijila*, tabu alimentar, proibição ritual.

Remanescente: termo utilizado para designar comunidade afrodescendente supostamente descendente dos quilombos e ligada a um território.

República Democrática do Congo (ex-Zaire): país da África central; foi colonizado pela Bélgica, da qual teve sua independência em 1960.

República do Congo: país da África central; foi colonizado pela França e teve sua independência em 1960.

Rota oriental: tráfico negreiro através do Deserto do Saara, do Mar Vermelho e do Oceano Índico, cuja responsabilidade foi árabe.

Rota transaariana: tráfico negreiro através do Deserto do Saara em direção aos países árabes.

Rota transatlântica: tráfico negreiro através do Oceano Atlântico, em direção às Américas e à Europa.

Rucumbo: vem da palavra *nrukunda* da língua lunda (Angola e República Democrática do Congo), que significa arco sonoro, berimbau.

Saara: maior deserto do mundo situado na África do Norte; ele se estende por 5 mil quilômetros, do Atlântico ao Mar Vermelho; compreende parte do Marrocos, da Argélia, da Tunísia, da Líbia, do Egito, do Sudão, do Níger, do Mali, do Chade e da Mauritânia.

Sabá: descanso religioso que os judeus, segundo a Lei de Moisés, deviam observar no último dia da semana.

São Tomé e Príncipe: país constituído por um arquipélago do Atlântico, a 180 milhas da costa ocidental da África; foi colonizado por Portugal e teve sua independência em 1975.

Semita: que pertence ao grupo étnico e linguístico compreendendo os hebreus e os árabes e que, segundo a Bíblia, são descendentes de Sem, filho de Noé.

Senegal: país da África ocidental; foi colonizado pela França, da qual recebeu a independência em 1960.

Servo: serviçal que não é livre e tem a condição de escravo.

Sesóstris: nome de três faraós da XII dinastia egípcia (XX-XIX a.C.).

Shabaka: nome do faraó sudanês fundador da XXV dinastia e unificador do Egito e do Sudão.

Sírio: habitante da Síria, um Estado da Ásia ocidental, no litoral do Mar Mediterrâneo.

Soberano: detentor presumido do poder político supremo.

Sobreproduto: parte do produto disponível além do produto necessário.

Sobretrabalho: tempo de trabalho disponível além do trabalho necessário.

Songai: império do Sudão ocidental; situava-se mais ou menos no território do atual Níger.

Subjugação: processo pelo qual um indivíduo é colocado sob a autoridade política de um soberano.

Sudão: país da África oriental; foi colonizado por um condomínio anglo-egípcio; tornou-se independente em 1956.

Sudão: a região da África em contato geográfico com a fronteira sul do Deserto do Saara; é neste contexto que se fala do Sudão ocidental e do Sudão central para designar respectivamente os países da África em contato com a parte ocidental do Saara e a parte central do Saara.

Súdito: franco colocado sob a dependência de um soberano.

Sujeição: dependência exclusiva em relação a um dono ou senhor, fora de qualquer laço de parentesco.

Sultão: título dado ao imperador da Turquia e aos príncipes muçulmanos.

Tanzânia: país da África oriental; foi colonizado pela Inglaterra e teve sua independência em 1964.

Tapa: um grupo étnico da Costa do Marfim.

Teólogo: pessoa que estuda e escreve sobre Teologia, a ciência da religião.

Tibesti: maciço montanhoso do Saara, no norte do Chade.

Tigre: rio da Turquia e do Iraque que banha Bagdá.

Togo: país da África ocidental situado no Golfo da Guiné; foi colonizado pela França e tornou-se independente em 1960; seu primeiro presidente, Olímpio

Silvánius, assassinado em 1963, é descendente dos escravos africanos da Bahia que retornaram à África depois da revolução dos negros lá ocorrida.

Tordesilhas: cidade da Espanha às margens do Rio Duero; tratado assinado em 1494 entre Espanha e Portugal, fixando o meridiano que separaria as futuras colônias dos dois países a 370 léguas a oeste das ilhas de Cabo Verde.

Tráfico: comércio, negócio a longa distância.

Tributo: extorsão exercida sobre populações vencidas ou sem direito de cidadania.

Tubu: grupo étnico do Tibesti.

Tumbuctu: cidade do Mali; muito famosa por ter sido o centro cultural e intelectual do império do Mali.

Ulemá: doutor da lei; teólogo da religião muçulmana.

Umbundu: grupo étnico de Angola.

Urucungo: sinônimo de berimbau.

Vassalo: súdito de um soberano; dependente, submisso.

Vicinal: que se refere à vizinhança (por exemplo, guerra vicinal: guerra entre vizinhos).

Xisto: mineral de estrutura laminosa e friável, formado por diversos óxidos metálicos, sílica e argila.

Xona: grupo étnico da África do Sul e do Zimbábue.

Zambê: instrumento de percussão de origem africana.

Zimbábue: antiga colônia britânica conhecida como Rodésia do Sul ou simplesmente Rodésia; viveu também o regime de segregação racial parecido com o da África do Sul; tornou-se independente em 1980 sob o novo nome de Zimbábue.

Zulu: grupo étnico da África do Sul, o mais importante numericamente.

Zumbi: líder máximo do Quilombo dos Palmares (século XVII); a palavra vem das línguas bantas e significa espírito, fantasma, que se liga à ideia de imortalidade; parece estar presente no espírito do movimento negro do Brasil.

Referências bibliográficas

ABU BAKR, A. O Egito faraônico. In: MOKHTAR, G. (Coord.). *História geral da África I*: a África antiga. São Paulo: Ática; (Paris): Unesco, 1983. p. 71-98.

ALBUQUERQUE, R. Wlamyra; FRAGA FILHO, Walter. *Uma história do negro no Brasil*. Salvador: Centro de Estudos Afro-orientais; Brasília, DF: Fundação Cultural Palmares, 2006.

BARRACLOUGH, Geoffrey. *Atlas da história do mundo*. São Paulo: Folha de S.Paulo; The Times, 1995.

BERGMANN, Michel. *Nasce um povo*: estudo antropológico da população brasileira: como surgiu, composição racial, evolução futura. 2. ed. Petrópolis: Vozes, 1978.

BOHANNAN, Paul. *Africa and africans*. New York: Natural History Press, 1962.

BRASIL. Ministério da Educação e Cultura. *Uma história do povo kalunga*. Brasília, DF, 2001. p. 12-13.

_____. Origem dos antigos egípcios. In MOKHTAR, G. (Coord.). *História geral da África II*: a África antiga. São Paulo: Ática; (Paris): Unesco, 1983. p. 39-70.

COQUERY-VIDROVITCH, Catherine. *La découverte de l'Afrique*. Paris: René Julliard, 1965. p. 129-130.

DAVIDSON, Basil. *Mãe África*. Lisboa: Sá de Costa, 1961.

DELAFOSSE, Maurice. *L'âme nègre*. Paris: Payot, 1927.

DEMUNTER, Paul. *Masses et luttes politiques au Zaire*. Paris: Éditions Anthropos, 1975. p. 33-51.

DIEGUES JÚNIOR, Manuel. *Etnias e culturas no Brasil*. 6. ed. Rio de Janeiro: Civilização Brasileira, 1977.

_____. Origem dos antigos egípcios. In: MOKHTAR, G. (Coord.). *História geral da África II*: a África antiga. São Paulo: Ática; (Paris): Unesco, 1983. p. 39-70.

DIOP, Cheikh Anta. *L'unité culturelle de l'Afrique noire*. Paris: Présence Africaine, 1959.

DUBY, George. *Atlas historique*. Paris: Larousse-Bordas, 1996.

Referências bibliográficas

FROBENIUS, Leo. *Histoire de la civilisation africaine*. Paris: Gallimard, 1952.

HERNANDES, Leila Leite. *A África na sala de aula*: visita à África contemporânea. São Paulo: Selo Negro, 2005.

HERSKOVITS, Melville J. *The human factor in changing Africa*. New York: Knopf, 1962.

JAHN, Janheing. *Muntu*. L'homme africain et la culture néo-africaine. Paris: Seuil, 1961.

LEAKEY, Richard E. *A evolução da humanidade*. 2. ed. São Paulo: Melhoramentos, 1982.

_____; LEWIN, Roger. *O povo do lago* – o homem: suas origens, natureza e futuro. Brasília: Editora Universidade de Brasília, DF; São Paulo: Melhoramentos, 1988.

LEWIS, Bernard. *Race et couleur en pays d'Islam*. Paris: Payout. 1971.

MAESTRI, Mário. *História da África pré-colonial*. Porto Alegre: Mercado Aberto, 1988. p. 104-112.

MAQUET, Jacques. *Africanité traditionnelle et moderne*. Porto: Présence Africaine, 1967.

_____. *Les civilizations noires*. Paris: Horizons de France, 1967.

MAUCLER, Christian; MONIOT, Henri. *As civilizações da África*. Porto: Lello & Irmão, 1990. p. 18-19. (Coleção A História dos Homens).

M'BOKOLO, Elikia. *Afrique noire*: histoire et civilisations. Paris: Hatier-Aupelf, 1992. p. 56-62. tomo II.

MCEVEDY, Colin. *The Penguin atlas of African history*. Inglaterra: Penguin Books, 1980.

MEILLASOUX, Claude. *Antropologia da escravidão*: o ventre de ferro e dinheiro. Rio de Janeiro: Jorge Zahar, 1995.

MIDDLETON, John (Ed.). *Encyclopedia of Africa South of the Sahara*. New York: Charles Scribner´s Sons, 1997. v. 2.

MOKHTAR, G. (Coord.). *História geral da África II*: África antiga. São Paulo: Ática; (Paris): Unesco, 1983.

MOURA, Carlos Eugênio Marcondes de. *A travessia da Calunga Grande*: três séculos de imagem sobre o negro do Brasil (1637-1899). São Paulo: Edusp, 2000. p. 313.

MUNANGA, Kabengele (Org.). *História do negro no Brasil*. O negro na sociedade brasileira: resistência, participação, contribuição. Brasília DF: Fundação Cultural Palmares, 2004. v. 1.

_____. *Negritude*: usos e sentidos. 2. ed. São Paulo: Ática, 1988.

_____; GOMES, Nilma Lino. *O negro no Brasil de hoje*: história, realidades, problemas e caminhos. São Paulo: Global Editora, Ação Educativa, 2004.

OLIVER, Roland. *A experiência africana*: da pré-história aos dias atuais. Rio de Janeiro: Jorge Zahar, 1994.

_____; ATMORE, Anthony. *L'Afrique depuis 1800*. Paris: Presses Universitaires de France, 1970.

PAULME, D. *Les civilisations africaines*. Paris: PUF, 1954.

PENA, Sérgio D. (Org.). *Homo brasilis*: aspectos genéticos, linguísticos, históricos e socioantropológicos da formação do povo brasileiro. 2. ed. Ribeirão Preto: Funpec, 2002.

RABAÇAL, Alfredo João. *As congadas no Brasil*. São Paulo: Secretaria da Cultura, Ciência e Tecnologia/Conselho Estadual da Cultura, 1976.

RAMOS, Arthur. *A cultura negra no Brasil*. São Paulo, Rio de Janeiro, Recife, Porto Alegre: Companhia Editora Nacional, 1942.

_____. *Introdução à antropologia brasileira*. Rio de Janeiro: Edição Casa do Estudante do Brasil, 1943. v. 1.

RODRIGUES, Nina. *Os africanos no Brasil*. 5. ed. São Paulo: Companhia Editora Nacional, 1977.

SABARÁ, Romeu. *A comunidade negra dos Arturos*: o drama de um campesinato negro no Brasil. Tese (Doutorado) – Universidade de São Paulo: São Paulo, 1997.

SERRANO, Carlos; MUNANGA, Kabengele. *A revolta dos colonizados*: o processo de descolonização e as independências da África e da Ásia. 3. ed. São Paulo: Atual Editora, 1995.

SILVA, Alberto da Costa e. *A enxada e a lança*: a África antes dos portugueses. Rio de Janeiro: Nova Fronteira; São Paulo: Edusp, 1992.

_____. *A manilha e o lubambo*: a África e a escravidão, de 1500 a 1700. Rio de Janeiro: Nova Fronteira, Fundação Biblioteca Nacional, 2002.

SILVA, Dilma de Melo; CALAÇA, Maria Cecília Felix. *Arte africana e afro-brasileira*. São Paulo: Terceira Margem, 2006.

SILVA, Jônatas Conceição da. *Vozes quilombolas*: uma poética brasileira. Salvador: EDUFBA, Ilê Ayê, 2004.

SIQUEIRA, Maria de Lourdes (Org.). *Imagens negras*: ancestralidade, diversidade e educação. Belo Horizonte: Mazza Edições, 2006.

SOUTH Africa: time running out. *The report of the study comission on U.S. Policy Toward Southern Africa*. London: University California Press, 1981.

TINHORÃO, José Ramos. *Música popular de índios, negros e mestiços*. Petrópolis: Vozes, 1972.

THOMAS, Louis-Vicent. *La mort africaine*: idéologie funéraire en Afrique noire. Paris: Payot, 1982.

VANSINA, Jan. *Les anciens royaumes de la savane*. Léopoldville: Université Lovanium, 1965. p. 31-54.

Kabengele Munanga foi professor titular do Departamento de Antropologia da Universidade de São Paulo e diretor do Centro de Estudos Africanos da mesma universidade (2006-2010). Escreveu inúmeros artigos e livros sobre a África e sobre o negro no Brasil, entre eles *Negritude*: usos e sentidos (1986); *A revolta dos colonizados*: o processo de descolonização e as independências da África e da Ásia (coautoria com Carlos Serrano) (1995); *Estratégias e políticas de combate à discriminação racial* (organizador) (1996); *Cem anos e mais de bibliografia sobre o negro no Brasil* (coautoria com Antonia de Lourdes dos Santos) (2003); *O negro na sociedade brasileira*: resistência, participação, contribuição (organizador) (2004); *Superando o racismo na escola* (organizador) (2005); *O negro no Brasil de hoje* (coautoria com Nilma Lino Gomes) (2006); *Rediscutindo a mestiçagem no Brasil*: identidade nacional *versus* identidade negra (2008).